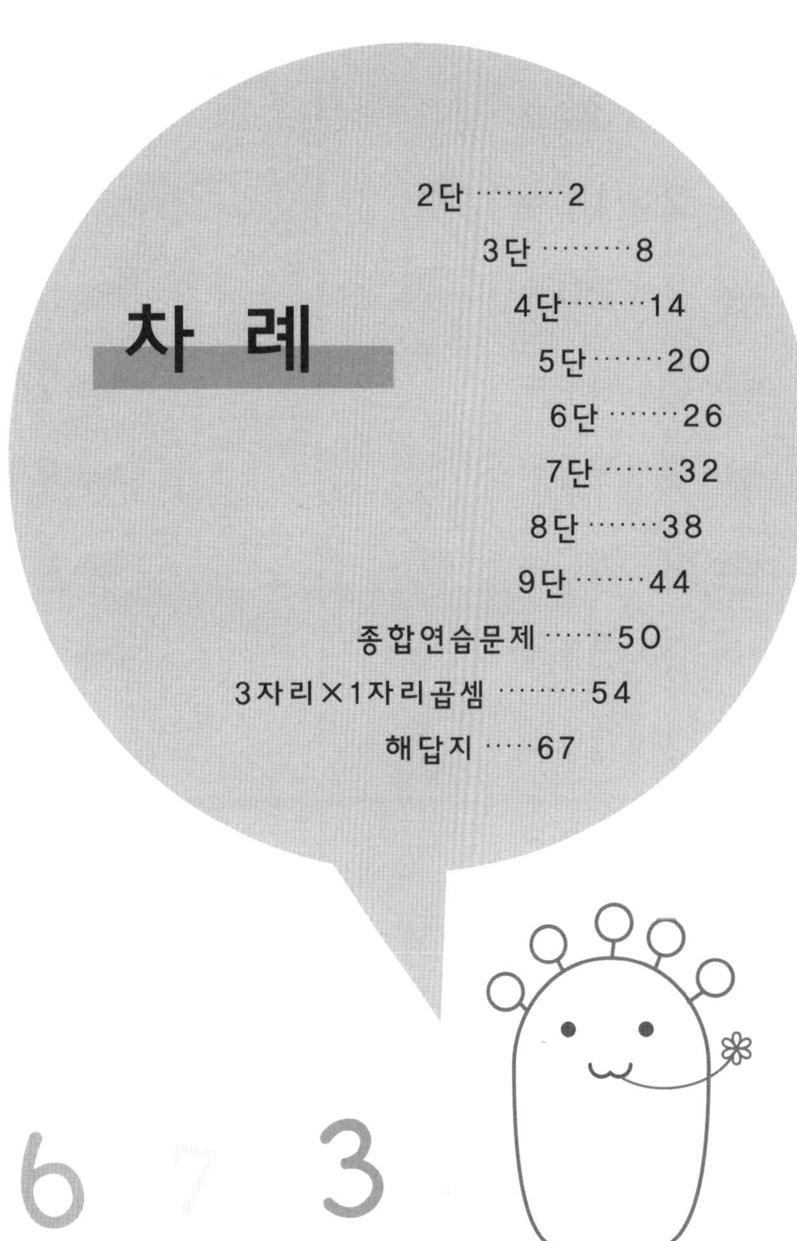

차 례

9 1 6 7 3

2단

곱셈 구구하기(1)

공부한 날 월 일

1	$2 \times 17 =$,	21	$62 \times 2 =$,
2	$2 \times 58 =$,	22	$51 \times 2 =$,
3	$2 \times 34 =$,	23	$13 \times 2 =$,
4	$2 \times 11 =$,	24	$88 \times 2 =$,
5	$2 \times 20 =$,	25	$54 \times 2 =$,
6	$2 \times 61 =$,	26	$76 \times 2 =$,
7	$2 \times 96 =$,	27	$99 \times 2 =$,
8	$2 \times 40 =$,	28	$87 \times 2 =$,
9	$2 \times 52 =$,	29	$46 \times 2 =$,
10	$2 \times 77 =$,	30	$37 \times 2 =$,
11	$2 \times 45 =$,	31	$23 \times 2 =$,
12	$2 \times 80 =$,	32	$19 \times 2 =$,
13	$2 \times 68 =$,	33	$81 \times 2 =$,
14	$2 \times 59 =$,	34	$25 \times 2 =$,
15	$2 \times 95 =$,	35	$39 \times 2 =$,
16	$2 \times 60 =$,	36	$53 \times 2 =$,
17	$2 \times 48 =$,	37	$98 \times 2 =$,
18	$2 \times 75 =$,	38	$64 \times 2 =$,
19	$2 \times 63 =$,	39	$30 \times 2 =$,
20	$2 \times 36 =$,	40	$21 \times 2 =$,

걸린시간 ____분 ____초

점수

확인

2단

곱셈 구구하기(2)

공부한 날 월 일

1. $2 \times 94 =$, ☐
2. $2 \times 79 =$, ☐
3. $2 \times 93 =$, ☐
4. $2 \times 55 =$, ☐
5. $2 \times 12 =$, ☐
6. $2 \times 27 =$, ☐
7. $2 \times 65 =$, ☐
8. $2 \times 49 =$, ☐
9. $2 \times 86 =$, ☐
10. $2 \times 62 =$, ☐
11. $2 \times 71 =$, ☐
12. $2 \times 60 =$, ☐
13. $2 \times 16 =$, ☐
14. $2 \times 34 =$, ☐
15. $2 \times 89 =$, ☐
16. $2 \times 11 =$, ☐
17. $2 \times 56 =$, ☐
18. $2 \times 70 =$, ☐
19. $2 \times 50 =$, ☐
20. $2 \times 35 =$, ☐
21. $19 \times 2 =$, ☐
22. $73 \times 2 =$, ☐
23. $38 \times 2 =$, ☐
24. $14 \times 2 =$, ☐
25. $91 \times 2 =$, ☐
26. $36 \times 2 =$, ☐
27. $72 \times 2 =$, ☐
28. $64 \times 2 =$, ☐
29. $58 \times 2 =$, ☐
30. $42 \times 2 =$, ☐
31. $67 \times 2 =$, ☐
32. $95 \times 2 =$, ☐
33. $78 \times 2 =$, ☐
34. $90 \times 2 =$, ☐
35. $84 \times 2 =$, ☐
36. $32 \times 2 =$, ☐
37. $74 \times 2 =$, ☐
38. $26 \times 2 =$, ☐
39. $18 \times 2 =$, ☐
40. $69 \times 2 =$, ☐

걸린시간 ____분 ____초

점수

확인

2단

곱셈하기(1)

공부한 날 월 일

1. 2 × 19 =
2. 2 × 48 =
3. 2 × 84 =
4. 2 × 51 =
5. 2 × 28 =
6. 2 × 68 =
7. 2 × 94 =
8. 2 × 35 =
9. 2 × 56 =
10. 2 × 72 =
11. 2 × 45 =
12. 2 × 89 =
13. 2 × 62 =
14. 2 × 58 =
15. 2 × 91 =
16. 2 × 47 =
17. 2 × 29 =
18. 2 × 39 =
19. 2 × 12 =
20. 2 × 75 =
21. 67 × 2 =
22. 59 × 2 =
23. 17 × 2 =
24. 83 × 2 =
25. 55 × 2 =
26. 74 × 2 =
27. 96 × 2 =
28. 21 × 2 =
29. 42 × 2 =
30. 37 × 2 =
31. 27 × 2 =
32. 16 × 2 =
33. 85 × 2 =
34. 49 × 2 =
35. 31 × 2 =
36. 53 × 2 =
37. 98 × 2 =
38. 64 × 2 =
39. 70 × 2 =
40. 38 × 2 =

걸린시간 ____분 ____초

점수

확인

2단 곱셈하기(2)

공부한 날 월 일

1. $2 \times 97 =$
2. $2 \times 77 =$
3. $2 \times 36 =$
4. $2 \times 54 =$
5. $2 \times 88 =$
6. $2 \times 29 =$
7. $2 \times 65 =$
8. $2 \times 49 =$
9. $2 \times 80 =$
10. $2 \times 62 =$
11. $2 \times 73 =$
12. $2 \times 67 =$
13. $2 \times 14 =$
14. $2 \times 34 =$
15. $2 \times 23 =$
16. $2 \times 94 =$
17. $2 \times 56 =$
18. $2 \times 24 =$
19. $2 \times 87 =$
20. $2 \times 46 =$
21. $11 \times 2 =$
22. $76 \times 2 =$
23. $38 \times 2 =$
24. $30 \times 2 =$
25. $99 \times 2 =$
26. $84 \times 2 =$
27. $41 \times 2 =$
28. $64 \times 2 =$
29. $58 \times 2 =$
30. $47 \times 2 =$
31. $61 \times 2 =$
32. $92 \times 2 =$
33. $15 \times 2 =$
34. $82 \times 2 =$
35. $51 \times 2 =$
36. $32 \times 2 =$
37. $79 \times 2 =$
38. $22 \times 2 =$
39. $18 \times 2 =$
40. $86 \times 2 =$

걸린시간 ____분 ____초

점수

확인

세로 곱셈하기

공부한 날 월 일

①	②	③	④	⑤
$\begin{array}{r} 38 \\ \times\ 2 \\ \hline 76 \end{array}$	$\begin{array}{r} 70 \\ \times\ 2 \\ \hline \end{array}$	$\begin{array}{r} 17 \\ \times\ 2 \\ \hline \end{array}$	$\begin{array}{r} 43 \\ \times\ 2 \\ \hline \end{array}$	$\begin{array}{r} 74 \\ \times\ 2 \\ \hline \end{array}$

⑥	⑦	⑧	⑨	⑩
$\begin{array}{r} 29 \\ \times\ 2 \\ \hline \end{array}$	$\begin{array}{r} 32 \\ \times\ 2 \\ \hline \end{array}$	$\begin{array}{r} 86 \\ \times\ 2 \\ \hline \end{array}$	$\begin{array}{r} 49 \\ \times\ 2 \\ \hline \end{array}$	$\begin{array}{r} 24 \\ \times\ 2 \\ \hline \end{array}$

⑪	⑫	⑬	⑭	⑮
$\begin{array}{r} 95 \\ \times\ 2 \\ \hline \end{array}$	$\begin{array}{r} 47 \\ \times\ 2 \\ \hline \end{array}$	$\begin{array}{r} 40 \\ \times\ 2 \\ \hline \end{array}$	$\begin{array}{r} 12 \\ \times\ 2 \\ \hline \end{array}$	$\begin{array}{r} 25 \\ \times\ 2 \\ \hline \end{array}$

⑯	⑰	⑱	⑲	⑳
$\begin{array}{r} 83 \\ \times\ 2 \\ \hline \end{array}$	$\begin{array}{r} 41 \\ \times\ 2 \\ \hline \end{array}$	$\begin{array}{r} 54 \\ \times\ 2 \\ \hline \end{array}$	$\begin{array}{r} 75 \\ \times\ 2 \\ \hline \end{array}$	$\begin{array}{r} 30 \\ \times\ 2 \\ \hline \end{array}$

21	22	23	24	25
$\begin{array}{r} 45 \\ \times\ 2 \\ \hline \end{array}$	$\begin{array}{r} 80 \\ \times\ 2 \\ \hline \end{array}$	$\begin{array}{r} 68 \\ \times\ 2 \\ \hline \end{array}$	$\begin{array}{r} 59 \\ \times\ 2 \\ \hline \end{array}$	$\begin{array}{r} 96 \\ \times\ 2 \\ \hline \end{array}$

26	27	28	29	30
$\begin{array}{r} 60 \\ \times\ 2 \\ \hline \end{array}$	$\begin{array}{r} 22 \\ \times\ 2 \\ \hline \end{array}$	$\begin{array}{r} 77 \\ \times\ 2 \\ \hline \end{array}$	$\begin{array}{r} 63 \\ \times\ 2 \\ \hline \end{array}$	$\begin{array}{r} 36 \\ \times\ 2 \\ \hline \end{array}$

걸린시간

____분

____초

점수

확인

□ 안에 답 쓰기

공부한 날 월 일

① $4\boxed{2} \times 2 = 84$	② $9\square \times 2 = 188$	③ $3\square \times 2 = 62$	④ $7\square \times 2 = 158$	⑤ $2\square \times 2 = 54$
⑥ $6\square \times 2 = 122$	⑦ $7\square \times 2 = 140$	⑧ $1\square \times 2 = 28$	⑨ $5\square \times 2 = 106$	⑩ $8\square \times 2 = 168$
⑪ $7\square \times 2 = 152$	⑫ $3\square \times 2 = 74$	⑬ $2\square \times 2 = 46$	⑭ $9\square \times 2 = 186$	⑮ $4\square \times 2 = 90$
⑯ $1\square \times 2 = 38$	⑰ $5\square \times 2 = 116$	⑱ $3\square \times 2 = 66$	⑲ $6\square \times 2 = 126$	⑳ $8\square \times 2 = 172$
㉑ $3\square \times 2 = 76$	㉒ $7\square \times 2 = 150$	㉓ $1\square \times 2 = 34$	㉔ $5\square \times 2 = 108$	㉕ $6\square \times 2 = 138$
㉖ $4\square \times 2 = 92$	㉗ $9\square \times 2 = 182$	㉘ $3\square \times 2 = 70$	㉙ $4\square \times 2 = 98$	㉚ $6\square \times 2 = 132$

걸린시간
____분
____초

점수

확인

3단 곱셈 구구하기(1)

공부한 날 월 일

① $3 \times 39 =$,		㉑ $57 \times 3 =$,	
② $3 \times 68 =$,		㉒ $83 \times 3 =$,	
③ $3 \times 46 =$,		㉓ $58 \times 3 =$,	
④ $3 \times 18 =$,		㉔ $65 \times 3 =$,	
⑤ $3 \times 61 =$,		㉕ $52 \times 3 =$,	
⑥ $3 \times 53 =$,		㉖ $23 \times 3 =$,	
⑦ $3 \times 75 =$,		㉗ $42 \times 3 =$,	
⑧ $3 \times 40 =$,		㉘ $34 \times 3 =$,	
⑨ $3 \times 25 =$,		㉙ $86 \times 3 =$,	
⑩ $3 \times 37 =$,		㉚ $40 \times 3 =$,	
⑪ $3 \times 80 =$,		㉛ $27 \times 3 =$,	
⑫ $3 \times 90 =$,		㉜ $74 \times 3 =$,	
⑬ $3 \times 81 =$,		㉝ $41 \times 3 =$,	
⑭ $3 \times 29 =$,		㉞ $38 \times 3 =$,	
⑮ $3 \times 73 =$,		㉟ $30 \times 3 =$,	
⑯ $3 \times 47 =$,		㊱ $78 \times 3 =$,	
⑰ $3 \times 12 =$,		㊲ $66 \times 3 =$,	
⑱ $3 \times 77 =$,		㊳ $94 \times 3 =$,	
⑲ $3 \times 32 =$,		㊴ $89 \times 3 =$,	
⑳ $3 \times 46 =$,		㊵ $17 \times 3 =$,	

걸린시간 ____분 ____초

점수

확인

3단 곱셈 구구하기(2)

공부한 날 월 일

1. $3 \times 87 =$, □
2. $3 \times 71 =$, □
3. $3 \times 53 =$, □
4. $3 \times 97 =$, □
5. $3 \times 36 =$, □
6. $3 \times 28 =$, □
7. $3 \times 95 =$, □
8. $3 \times 76 =$, □
9. $3 \times 48 =$, □
10. $3 \times 33 =$, □
11. $3 \times 64 =$, □
12. $3 \times 49 =$, □
13. $3 \times 84 =$, □
14. $3 \times 24 =$, □
15. $3 \times 19 =$, □
16. $3 \times 41 =$, □
17. $3 \times 96 =$, □
18. $3 \times 67 =$, □
19. $3 \times 72 =$, □
20. $3 \times 54 =$, □
21. $55 \times 3 =$, □
22. $63 \times 3 =$, □
23. $13 \times 3 =$, □
24. $59 \times 3 =$, □
25. $11 \times 3 =$, □
26. $93 \times 3 =$, □
27. $56 \times 3 =$, □
28. $82 \times 3 =$, □
29. $34 \times 3 =$, □
30. $88 \times 3 =$, □
31. $79 \times 3 =$, □
32. $85 \times 3 =$, □
33. $69 \times 3 =$, □
34. $16 \times 3 =$, □
35. $98 \times 3 =$, □
36. $50 \times 3 =$, □
37. $92 \times 3 =$, □
38. $26 \times 3 =$, □
39. $42 \times 3 =$, □
40. $51 \times 3 =$, □

걸린시간 ____분 ____초

점수

확인

3단

곱셈하기(1)

공부한 날 월 일

1. 3 × 39 =
2. 3 × 44 =
3. 3 × 64 =
4. 3 × 18 =
5. 3 × 88 =
6. 3 × 43 =
7. 3 × 75 =
8. 3 × 91 =
9. 3 × 25 =
10. 3 × 82 =
11. 3 × 67 =
12. 3 × 93 =
13. 3 × 68 =
14. 3 × 29 =
15. 3 × 73 =
16. 3 × 47 =
17. 3 × 15 =
18. 3 × 59 =
19. 3 × 32 =
20. 3 × 27 =
21. 56 × 3 =
22. 84 × 3 =
23. 76 × 3 =
24. 65 × 3 =
25. 19 × 3 =
26. 23 × 3 =
27. 42 × 3 =
28. 34 × 3 =
29. 96 × 3 =
30. 86 × 3 =
31. 21 × 3 =
32. 79 × 3 =
33. 57 × 3 =
34. 49 × 3 =
35. 35 × 3 =
36. 83 × 3 =
37. 66 × 3 =
38. 97 × 3 =
39. 36 × 3 =
40. 17 × 3 =

걸린시간
___분
___초

점수

확인

3단 곱셈하기(2)

공부한 날 월 일

1. 3 × 51 =
2. 3 × 77 =
3. 3 × 38 =
4. 3 × 92 =
5. 3 × 36 =
6. 3 × 28 =
7. 3 × 16 =
8. 3 × 74 =
9. 3 × 48 =
10. 3 × 25 =
11. 3 × 94 =
12. 3 × 49 =
13. 3 × 52 =
14. 3 × 24 =
15. 3 × 14 =
16. 3 × 62 =
17. 3 × 85 =
18. 3 × 81 =
19. 3 × 37 =
20. 3 × 54 =
21. 58 × 3 =
22. 63 × 3 =
23. 13 × 3 =
24. 21 × 3 =
25. 46 × 3 =
26. 32 × 3 =
27. 78 × 3 =
28. 95 × 3 =
29. 98 × 3 =
30. 45 × 3 =
31. 72 × 3 =
32. 35 × 3 =
33. 69 × 3 =
34. 11 × 3 =
35. 87 × 3 =
36. 50 × 3 =
37. 93 × 3 =
38. 26 × 3 =
39. 42 × 3 =
40. 53 × 3 =

걸린시간
____분
____초

점수

확인

세로 곱셈하기

공부한 날   월   일

① 94 × 3	② 56 × 3	③ 59 × 3	④ 87 × 3	⑤ 86 × 3
⑥ 97 × 3	⑦ 27 × 3	⑧ 63 × 3	⑨ 62 × 3	⑩ 60 × 3
⑪ 90 × 3	⑫ 37 × 3	⑬ 25 × 3	⑭ 33 × 3	⑮ 51 × 3
⑯ 21 × 3	⑰ 46 × 3	⑱ 65 × 3	⑲ 70 × 3	⑳ 29 × 3
㉑ 79 × 3	㉒ 38 × 3	㉓ 84 × 3	㉔ 43 × 3	㉕ 36 × 3
㉖ 72 × 3	㉗ 83 × 3	㉘ 77 × 3	㉙ 68 × 3	㉚ 17 × 3

걸린시간

____분

____초

점수

확인

□ 안에 답 쓰기

공부한 날 월 일

①	②	③	④	⑤
$5\square \times 3 = 168$	$2\square \times 3 = 84$	$4\square \times 3 = 141$	$8\square \times 3 = 246$	$9\square \times 3 = 279$

⑥	⑦	⑧	⑨	⑩
$7\square \times 3 = 222$	$3\square \times 3 = 117$	$6\square \times 3 = 186$	$1\square \times 3 = 39$	$6\square \times 3 = 195$

⑪	⑫	⑬	⑭	⑮
$4\square \times 3 = 126$	$3\square \times 3 = 102$	$9\square \times 3 = 294$	$1\square \times 3 = 51$	$8\square \times 3 = 255$

⑯	⑰	⑱	⑲	⑳
$5\square \times 3 = 174$	$3\square \times 3 = 96$	$1\square \times 3 = 57$	$8\square \times 3 = 261$	$2\square \times 3 = 72$

21	22	23	24	25
$7\square \times 3 = 228$	$4\square \times 3 = 135$	$9\square \times 3 = 282$	$8\square \times 3 = 249$	$6\square \times 3 = 207$

26	27	28	29	30
$2\square \times 3 = 81$	$7\square \times 3 = 231$	$6\square \times 3 = 192$	$2\square \times 3 = 78$	$9\square \times 3 = 288$

걸린시간

____분

____초

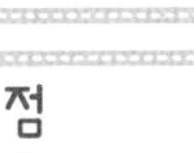

점수

확인

곱셈 구구하기(1)

공부한 날 월 일

① $4\times27=$	,	
② $4\times76=$	,	
③ $4\times80=$	,	
④ $4\times45=$	,	
⑤ $4\times66=$	,	
⑥ $4\times23=$	,	
⑦ $4\times97=$	,	
⑧ $4\times52=$	,	
⑨ $4\times36=$	,	
⑩ $4\times15=$	,	
⑪ $4\times91=$	,	
⑫ $4\times56=$	,	
⑬ $4\times94=$	,	
⑭ $4\times77=$	,	
⑮ $4\times21=$	,	
⑯ $4\times48=$	,	
⑰ $4\times73=$	,	
⑱ $4\times90=$	,	
⑲ $4\times54=$	,	
⑳ $4\times30=$	,	
㉑ $17\times4=$	,	
㉒ $74\times4=$	,	
㉓ $59\times4=$	,	
㉔ $33\times4=$	,	
㉕ $46\times4=$	,	
㉖ $81\times4=$	,	
㉗ $26\times4=$	,	
㉘ $58\times4=$	,	
㉙ $37\times4=$	,	
㉚ $64\times4=$	,	
㉛ $22\times4=$	,	
㉜ $16\times4=$	,	
㉝ $39\times4=$	,	
㉞ $82\times4=$	,	
㉟ $43\times4=$	,	
㊱ $60\times4=$	,	
㊲ $12\times4=$	,	
㊳ $49\times4=$	,	
㊴ $96\times4=$	,	
㊵ $53\times4=$	,	

걸린시간

____분

____초

점수

확인

4단 곱셈 구구하기(2)

공부한 날 월 일

1	$4 \times 87 =$,	21	$61 \times 4 =$,
2	$4 \times 67 =$,	22	$92 \times 4 =$,
3	$4 \times 62 =$,	23	$57 \times 4 =$,
4	$4 \times 99 =$,	24	$86 \times 4 =$,
5	$4 \times 41 =$,	25	$88 \times 4 =$,
6	$4 \times 51 =$,	26	$68 \times 4 =$,
7	$4 \times 44 =$,	27	$42 \times 4 =$,
8	$4 \times 85 =$,	28	$75 \times 4 =$,
9	$4 \times 47 =$,	29	$83 \times 4 =$,
10	$4 \times 32 =$,	30	$13 \times 4 =$,
11	$4 \times 65 =$,	31	$72 \times 4 =$,
12	$4 \times 18 =$,	32	$29 \times 4 =$,
13	$4 \times 95 =$,	33	$31 \times 4 =$,
14	$4 \times 25 =$,	34	$69 \times 4 =$,
15	$4 \times 93 =$,	35	$38 \times 4 =$,
16	$4 \times 35 =$,	36	$14 \times 4 =$,
17	$4 \times 28 =$,	37	$63 \times 4 =$,
18	$4 \times 78 =$,	38	$24 \times 4 =$,
19	$4 \times 89 =$,	39	$98 \times 4 =$,
20	$4 \times 20 =$,	40	$55 \times 4 =$,

걸린시간

____분

____초

점수

확인

4단 곱셈하기(1)

공부한 날 월 일

1. 4 × 27 =
2. 4 × 76 =
3. 4 × 80 =
4. 4 × 45 =
5. 4 × 32 =
6. 4 × 63 =
7. 4 × 97 =
8. 4 × 21 =
9. 4 × 36 =
10. 4 × 15 =
11. 4 × 96 =
12. 4 × 58 =
13. 4 × 47 =
14. 4 × 79 =
15. 4 × 25 =
16. 4 × 19 =
17. 4 × 34 =
18. 4 × 65 =
19. 4 × 82 =
20. 4 × 54 =
21. 18 × 4 =
22. 75 × 4 =
23. 53 × 4 =
24. 33 × 4 =
25. 46 × 4 =
26. 81 × 4 =
27. 24 × 4 =
28. 64 × 4 =
29. 98 × 4 =
30. 26 × 4 =
31. 87 × 4 =
32. 16 × 4 =
33. 71 × 4 =
34. 83 × 4 =
35. 48 × 4 =
36. 66 × 4 =
37. 17 × 4 =
38. 74 × 4 =
39. 95 × 4 =
40. 12 × 4 =

걸린시간 ____분 ____초

점수

확인

4단

곱셈하기(2)

공부한 날 월 일

1. $4 \times 88 =$
2. $4 \times 49 =$
3. $4 \times 62 =$
4. $4 \times 57 =$
5. $4 \times 93 =$
6. $4 \times 51 =$
7. $4 \times 44 =$
8. $4 \times 99 =$
9. $4 \times 85 =$
10. $4 \times 78 =$
11. $4 \times 56 =$
12. $4 \times 14 =$
13. $4 \times 59 =$
14. $4 \times 68 =$
15. $4 \times 37 =$
16. $4 \times 91 =$
17. $4 \times 28 =$
18. $4 \times 69 =$
19. $4 \times 73 =$
20. $4 \times 20 =$
21. $84 \times 4 =$
22. $92 \times 4 =$
23. $22 \times 4 =$
24. $86 \times 4 =$
25. $39 \times 4 =$
26. $77 \times 4 =$
27. $42 \times 4 =$
28. $55 \times 4 =$
29. $35 \times 4 =$
30. $61 \times 4 =$
31. $72 \times 4 =$
32. $43 \times 4 =$
33. $31 \times 4 =$
34. $94 \times 4 =$
35. $67 \times 4 =$
36. $29 \times 4 =$
37. $52 \times 4 =$
38. $89 \times 4 =$
39. $11 \times 4 =$
40. $38 \times 4 =$

걸린시간

____분

____초

점수

확인

세로 곱셈하기

공부한 날 월 일

① $\begin{array}{r} 15 \\ \times\ 4 \\ \hline \end{array}$	② $\begin{array}{r} 39 \\ \times\ 4 \\ \hline \end{array}$	③ $\begin{array}{r} 24 \\ \times\ 4 \\ \hline \end{array}$	④ $\begin{array}{r} 74 \\ \times\ 4 \\ \hline \end{array}$	⑤ $\begin{array}{r} 67 \\ \times\ 4 \\ \hline \end{array}$
⑥ $\begin{array}{r} 27 \\ \times\ 4 \\ \hline \end{array}$	⑦ $\begin{array}{r} 92 \\ \times\ 4 \\ \hline \end{array}$	⑧ $\begin{array}{r} 45 \\ \times\ 4 \\ \hline \end{array}$	⑨ $\begin{array}{r} 88 \\ \times\ 4 \\ \hline \end{array}$	⑩ $\begin{array}{r} 54 \\ \times\ 4 \\ \hline \end{array}$
⑪ $\begin{array}{r} 84 \\ \times\ 4 \\ \hline \end{array}$	⑫ $\begin{array}{r} 63 \\ \times\ 4 \\ \hline \end{array}$	⑬ $\begin{array}{r} 38 \\ \times\ 4 \\ \hline \end{array}$	⑭ $\begin{array}{r} 73 \\ \times\ 4 \\ \hline \end{array}$	⑮ $\begin{array}{r} 42 \\ \times\ 4 \\ \hline \end{array}$
⑯ $\begin{array}{r} 34 \\ \times\ 4 \\ \hline \end{array}$	⑰ $\begin{array}{r} 16 \\ \times\ 4 \\ \hline \end{array}$	⑱ $\begin{array}{r} 47 \\ \times\ 4 \\ \hline \end{array}$	⑲ $\begin{array}{r} 59 \\ \times\ 4 \\ \hline \end{array}$	⑳ $\begin{array}{r} 95 \\ \times\ 4 \\ \hline \end{array}$
㉑ $\begin{array}{r} 41 \\ \times\ 4 \\ \hline \end{array}$	㉒ $\begin{array}{r} 57 \\ \times\ 4 \\ \hline \end{array}$	㉓ $\begin{array}{r} 31 \\ \times\ 4 \\ \hline \end{array}$	㉔ $\begin{array}{r} 29 \\ \times\ 4 \\ \hline \end{array}$	㉕ $\begin{array}{r} 77 \\ \times\ 4 \\ \hline \end{array}$
㉖ $\begin{array}{r} 82 \\ \times\ 4 \\ \hline \end{array}$	㉗ $\begin{array}{r} 65 \\ \times\ 4 \\ \hline \end{array}$	㉘ $\begin{array}{r} 35 \\ \times\ 4 \\ \hline \end{array}$	㉙ $\begin{array}{r} 97 \\ \times\ 4 \\ \hline \end{array}$	㉚ $\begin{array}{r} 18 \\ \times\ 4 \\ \hline \end{array}$

걸린시간

____분

____초

점수

확인

□ 안에 답 쓰기

공부한 날 　　월 　　일

1. $4\square \times 4 = 184$
2. $2\square \times 4 = 92$
3. $1\square \times 4 = 68$
4. $5\square \times 4 = 232$
5. $7\square \times 4 = 304$
6. $8\square \times 4 = 340$
7. $6\square \times 4 = 256$
8. $9\square \times 4 = 384$
9. $8\square \times 4 = 356$
10. $3\square \times 4 = 132$
11. $2\square \times 4 = 104$
12. $5\square \times 4 = 212$
13. $3\square \times 4 = 148$
14. $7\square \times 4 = 284$
15. $6\square \times 4 = 272$
16. $9\square \times 4 = 372$
17. $1\square \times 4 = 76$
18. $6\square \times 4 = 276$
19. $8\square \times 4 = 348$
20. $2\square \times 4 = 112$
21. $7\square \times 4 = 300$
22. $5\square \times 4 = 208$
23. $4\square \times 4 = 196$
24. $3\square \times 4 = 144$
25. $6\square \times 4 = 248$
26. $1\square \times 4 = 56$
27. $8\square \times 4 = 332$
28. $4\square \times 4 = 176$
29. $9\square \times 4 = 392$
30. $2\square \times 4 = 100$

걸린시간 ____분 ____초

점수

확인

5단

곱셈 구구하기(1)

공부한 날 월 일

번호	문제	,	답	번호	문제	,	답
1	5×44=	,		21	57×5=	,	
2	5×32=	,		22	77×5=	,	
3	5×50=	,		23	46×5=	,	
4	5×36=	,		24	72×5=	,	
5	5×56=	,		25	61×5=	,	
6	5×86=	,		26	80×5=	,	
7	5×14=	,		27	93×5=	,	
8	5×35=	,		28	22×5=	,	
9	5×43=	,		29	41×5=	,	
10	5×28=	,		30	60×5=	,	
11	5×84=	,		31	38×5=	,	
12	5×79=	,		32	81×5=	,	
13	5×25=	,		33	19×5=	,	
14	5×49=	,		34	11×5=	,	
15	5×65=	,		35	73×5=	,	
16	5×74=	,		36	83×5=	,	
17	5×64=	,		37	47×5=	,	
18	5×52=	,		38	12×5=	,	
19	5×71=	,		39	59×5=	,	
20	5×94=	,		40	96×5=	,	

걸린시간 ____분 ____초

점수

확인

곱셈 구구하기(2)

공부한 날 월 일

1 $5 \times 26 =$	,	
2 $5 \times 55 =$	,	
3 $5 \times 99 =$	,	
4 $5 \times 63 =$	,	
5 $5 \times 97 =$	,	
6 $5 \times 24 =$	,	
7 $5 \times 88 =$	,	
8 $5 \times 53 =$	,	
9 $5 \times 31 =$	,	
10 $5 \times 15 =$	,	
11 $5 \times 34 =$	,	
12 $5 \times 70 =$	,	
13 $5 \times 90 =$	,	
14 $5 \times 48 =$	,	
15 $5 \times 29 =$	,	
16 $5 \times 68 =$	,	
17 $5 \times 82 =$	,	
18 $5 \times 85 =$	,	
19 $5 \times 17 =$	,	
20 $5 \times 42 =$	,	
21 $39 \times 5 =$	,	
22 $27 \times 5 =$	,	
23 $18 \times 5 =$	,	
24 $67 \times 5 =$	,	
25 $95 \times 5 =$	,	
26 $92 \times 5 =$	,	
27 $24 \times 5 =$	,	
28 $58 \times 5 =$	,	
29 $66 \times 5 =$	,	
30 $45 \times 5 =$	,	
31 $98 \times 5 =$	,	
32 $16 \times 5 =$	,	
33 $33 \times 5 =$	,	
34 $87 \times 5 =$	,	
35 $69 \times 5 =$	,	
36 $30 \times 5 =$	,	
37 $76 \times 5 =$	,	
38 $23 \times 5 =$	,	
39 $89 \times 5 =$	,	
40 $40 \times 5 =$	,	

걸린시간 ____분 ____초

점수

확인

5단 곱셈하기(1)

공부한 날 월 일

1. $5 \times 44 =$
2. $5 \times 62 =$
3. $5 \times 54 =$
4. $5 \times 14 =$
5. $5 \times 79 =$
6. $5 \times 86 =$
7. $5 \times 93 =$
8. $5 \times 35 =$
9. $5 \times 43 =$
10. $5 \times 89 =$
11. $5 \times 34 =$
12. $5 \times 69 =$
13. $5 \times 46 =$
14. $5 \times 19 =$
15. $5 \times 55 =$
16. $5 \times 77 =$
17. $5 \times 84 =$
18. $5 \times 27 =$
19. $5 \times 24 =$
20. $5 \times 94 =$
21. $57 \times 5 =$
22. $90 \times 5 =$
23. $26 \times 5 =$
24. $67 \times 5 =$
25. $75 \times 5 =$
26. $81 \times 5 =$
27. $16 \times 5 =$
28. $39 \times 5 =$
29. $41 \times 5 =$
30. $64 \times 5 =$
31. $38 \times 5 =$
32. $82 \times 5 =$
33. $18 \times 5 =$
34. $65 \times 5 =$
35. $72 \times 5 =$
36. $29 \times 5 =$
37. $47 \times 5 =$
38. $52 \times 5 =$
39. $95 \times 5 =$
40. $37 \times 5 =$

걸린시간 ____분 ____초

점수

확인

곱셈하기(2)

공부한 날 월 일

1. $5 \times 22 =$
2. $5 \times 68 =$
3. $5 \times 91 =$
4. $5 \times 53 =$
5. $5 \times 78 =$
6. $5 \times 49 =$
7. $5 \times 83 =$
8. $5 \times 31 =$
9. $5 \times 66 =$
10. $5 \times 97 =$
11. $5 \times 33 =$
12. $5 \times 73 =$
13. $5 \times 96 =$
14. $5 \times 87 =$
15. $5 \times 12 =$
16. $5 \times 61 =$
17. $5 \times 17 =$
18. $5 \times 48 =$
19. $5 \times 56 =$
20. $5 \times 28 =$
21. $92 \times 5 =$
22. $25 \times 5 =$
23. $42 \times 5 =$
24. $36 \times 5 =$
25. $13 \times 5 =$
26. $59 \times 5 =$
27. $21 \times 5 =$
28. $74 \times 5 =$
29. $63 \times 5 =$
30. $11 \times 5 =$
31. $98 \times 5 =$
32. $70 \times 5 =$
33. $32 \times 5 =$
34. $15 \times 5 =$
35. $45 \times 5 =$
36. $58 \times 5 =$
37. $71 \times 5 =$
38. $23 \times 5 =$
39. $85 \times 5 =$
40. $51 \times 5 =$

걸린시간 ____분 ____초

점수

확인

세로 곱셈하기

공부한 날 월 일

① $\begin{array}{r} 52 \\ \times\ 5 \\ \hline \end{array}$	② $\begin{array}{r} 37 \\ \times\ 5 \\ \hline \end{array}$	③ $\begin{array}{r} 68 \\ \times\ 5 \\ \hline \end{array}$	④ $\begin{array}{r} 38 \\ \times\ 5 \\ \hline \end{array}$	⑤ $\begin{array}{r} 81 \\ \times\ 5 \\ \hline \end{array}$
⑥ $\begin{array}{r} 26 \\ \times\ 5 \\ \hline \end{array}$	⑦ $\begin{array}{r} 45 \\ \times\ 5 \\ \hline \end{array}$	⑧ $\begin{array}{r} 63 \\ \times\ 5 \\ \hline \end{array}$	⑨ $\begin{array}{r} 46 \\ \times\ 5 \\ \hline \end{array}$	⑩ $\begin{array}{r} 61 \\ \times\ 5 \\ \hline \end{array}$
⑪ $\begin{array}{r} 89 \\ \times\ 5 \\ \hline \end{array}$	⑫ $\begin{array}{r} 32 \\ \times\ 5 \\ \hline \end{array}$	⑬ $\begin{array}{r} 44 \\ \times\ 5 \\ \hline \end{array}$	⑭ $\begin{array}{r} 59 \\ \times\ 5 \\ \hline \end{array}$	⑮ $\begin{array}{r} 66 \\ \times\ 5 \\ \hline \end{array}$
⑯ $\begin{array}{r} 56 \\ \times\ 5 \\ \hline \end{array}$	⑰ $\begin{array}{r} 42 \\ \times\ 5 \\ \hline \end{array}$	⑱ $\begin{array}{r} 96 \\ \times\ 5 \\ \hline \end{array}$	⑲ $\begin{array}{r} 28 \\ \times\ 5 \\ \hline \end{array}$	⑳ $\begin{array}{r} 62 \\ \times\ 5 \\ \hline \end{array}$
㉑ $\begin{array}{r} 74 \\ \times\ 5 \\ \hline \end{array}$	㉒ $\begin{array}{r} 40 \\ \times\ 5 \\ \hline \end{array}$	㉓ $\begin{array}{r} 76 \\ \times\ 5 \\ \hline \end{array}$	㉔ $\begin{array}{r} 54 \\ \times\ 5 \\ \hline \end{array}$	㉕ $\begin{array}{r} 18 \\ \times\ 5 \\ \hline \end{array}$
㉖ $\begin{array}{r} 69 \\ \times\ 5 \\ \hline \end{array}$	㉗ $\begin{array}{r} 83 \\ \times\ 5 \\ \hline \end{array}$	㉘ $\begin{array}{r} 24 \\ \times\ 5 \\ \hline \end{array}$	㉙ $\begin{array}{r} 85 \\ \times\ 5 \\ \hline \end{array}$	㉚ $\begin{array}{r} 98 \\ \times\ 5 \\ \hline \end{array}$

걸린시간
____분
____초

점수

확인

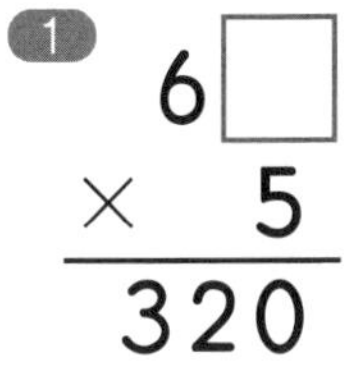

□ 안에 답 쓰기

공부한 날 월 일

① 6□ × 5 = 320	② 8□ × 5 = 430	③ 5□ × 5 = 285	④ 9□ × 5 = 455	⑤ 7□ × 5 = 365
⑥ 4□ × 5 = 245	⑦ 3□ × 5 = 180	⑧ 1□ × 5 = 70	⑨ 2□ × 5 = 115	⑩ 7□ × 5 = 390
⑪ 3□ × 5 = 185	⑫ 4□ × 5 = 230	⑬ 8□ × 5 = 410	⑭ 9□ × 5 = 465	⑮ 9□ × 5 = 485
⑯ 7□ × 5 = 360	⑰ 4□ × 5 = 215	⑱ 8□ × 5 = 420	⑲ 5□ × 5 = 290	⑳ 2□ × 5 = 145
㉑ 2□ × 5 = 135	㉒ 8□ × 5 = 440	㉓ 7□ × 5 = 395	㉔ 6□ × 5 = 325	㉕ 9□ × 5 = 470
㉖ 5□ × 5 = 265	㉗ 2□ × 5 = 120	㉘ 4□ × 5 = 235	㉙ 1□ × 5 = 80	㉚ 3□ × 5 = 170

걸린시간 ____분 ____초

점수

확인

6단 곱셈 구구하기(1)

공부한 날 월 일

1. 6×42= , [ ]
2. 6×51= , [ ]
3. 6×80= , [ ]
4. 6×41= , [ ]
5. 6×72= , [ ]
6. 6×81= , [ ]
7. 6×14= , [ ]
8. 6×93= , [ ]
9. 6×45= , [ ]
10. 6×64= , [ ]
11. 6×33= , [ ]
12. 6×87= , [ ]
13. 6×18= , [ ]
14. 6×54= , [ ]
15. 6×65= , [ ]
16. 6×32= , [ ]
17. 6×56= , [ ]
18. 6×38= , [ ]
19. 6×85= , [ ]
20. 6×40= , [ ]
21. 37×6= , [ ]
22. 55×6= , [ ]
23. 15×6= , [ ]
24. 79×6= , [ ]
25. 12×6= , [ ]
26. 76×6= , [ ]
27. 96×6= , [ ]
28. 23×6= , [ ]
29. 77×6= , [ ]
30. 36×6= , [ ]
31. 28×6= , [ ]
32. 69×6= , [ ]
33. 97×6= , [ ]
34. 44×6= , [ ]
35. 91×6= , [ ]
36. 63×6= , [ ]
37. 89×6= , [ ]
38. 61×6= , [ ]
39. 22×6= , [ ]
40. 73×6= , [ ]

걸린시간 ____분 ____초

점수

확인

6단

곱셈 구구하기(2)

공부한 날 월 일

1	$6 \times 95 =$,		21	$70 \times 6 =$,	
2	$6 \times 46 =$,		22	$60 \times 6 =$,	
3	$6 \times 58 =$,		23	$88 \times 6 =$,	
4	$6 \times 24 =$,		24	$34 \times 6 =$,	
5	$6 \times 47 =$,		25	$67 \times 6 =$,	
6	$6 \times 27 =$,		26	$94 \times 6 =$,	
7	$6 \times 86 =$,		27	$43 \times 6 =$,	
8	$6 \times 19 =$,		28	$57 \times 6 =$,	
9	$6 \times 90 =$,		29	$13 \times 6 =$,	
10	$6 \times 35 =$,		30	$83 \times 6 =$,	
11	$6 \times 16 =$,		31	$92 \times 6 =$,	
12	$6 \times 74 =$,		32	$48 \times 6 =$,	
13	$6 \times 82 =$,		33	$39 \times 6 =$,	
14	$6 \times 53 =$,		34	$21 \times 6 =$,	
15	$6 \times 26 =$,		35	$62 \times 6 =$,	
16	$6 \times 49 =$,		36	$98 \times 6 =$,	
17	$6 \times 20 =$,		37	$29 \times 6 =$,	
18	$6 \times 68 =$,		38	$17 \times 6 =$,	
19	$6 \times 31 =$,		39	$52 \times 6 =$,	
20	$6 \times 59 =$,		40	$78 \times 6 =$,	

걸린시간 ____분 ____초

점수

확인

6단

곱셈하기(1)

공부한 날 월 일

1. 6 × 42 =
2. 6 × 51 =
3. 6 × 83 =
4. 6 × 32 =
5. 6 × 72 =
6. 6 × 64 =
7. 6 × 14 =
8. 6 × 98 =
9. 6 × 24 =
10. 6 × 68 =
11. 6 × 19 =
12. 6 × 79 =
13. 6 × 61 =
14. 6 × 37 =
15. 6 × 57 =
16. 6 × 26 =
17. 6 × 55 =
18. 6 × 95 =
19. 6 × 81 =
20. 6 × 77 =
21. 46 × 6 =
22. 63 × 6 =
23. 17 × 6 =
24. 75 × 6 =
25. 86 × 6 =
26. 53 × 6 =
27. 92 × 6 =
28. 22 × 6 =
29. 45 × 6 =
30. 36 × 6 =
31. 28 × 6 =
32. 66 × 6 =
33. 93 × 6 =
34. 39 × 6 =
35. 13 × 6 =
36. 69 × 6 =
37. 87 × 6 =
38. 59 × 6 =
39. 48 × 6 =
40. 73 × 6 =

걸린시간

____분

____초

점수

확인

6단 곱셈하기(2)

공부한 날 월 일

1. $6 \times 91 =$
2. $6 \times 34 =$
3. $6 \times 52 =$
4. $6 \times 29 =$
5. $6 \times 74 =$
6. $6 \times 82 =$
7. $6 \times 62 =$
8. $6 \times 16 =$
9. $6 \times 44 =$
10. $6 \times 38 =$
11. $6 \times 18 =$
12. $6 \times 27 =$
13. $6 \times 96 =$
14. $6 \times 35 =$
15. $6 \times 67 =$
16. $6 \times 47 =$
17. $6 \times 84 =$
18. $6 \times 76 =$
19. $6 \times 21 =$
20. $6 \times 54 =$
21. $71 \times 6 =$
22. $65 \times 6 =$
23. $31 \times 6 =$
24. $23 \times 6 =$
25. $15 \times 6 =$
26. $43 \times 6 =$
27. $56 \times 6 =$
28. $33 \times 6 =$
29. $94 \times 6 =$
30. $85 \times 6 =$
31. $58 \times 6 =$
32. $49 \times 6 =$
33. $89 \times 6 =$
34. $25 \times 6 =$
35. $78 \times 6 =$
36. $97 \times 6 =$
37. $88 \times 6 =$
38. $12 \times 6 =$
39. $60 \times 6 =$
40. $41 \times 6 =$

걸린시간 ____분 ____초

점수

확인

세로 곱셈하기

공부한 날 월 일

① $\begin{array}{r} 20 \\ \times\ 6 \\ \hline \end{array}$ ② $\begin{array}{r} 72 \\ \times\ 6 \\ \hline \end{array}$ ③ $\begin{array}{r} 61 \\ \times\ 6 \\ \hline \end{array}$ ④ $\begin{array}{r} 25 \\ \times\ 6 \\ \hline \end{array}$ ⑤ $\begin{array}{r} 36 \\ \times\ 6 \\ \hline \end{array}$

⑥ $\begin{array}{r} 11 \\ \times\ 6 \\ \hline \end{array}$ ⑦ $\begin{array}{r} 39 \\ \times\ 6 \\ \hline \end{array}$ ⑧ $\begin{array}{r} 42 \\ \times\ 6 \\ \hline \end{array}$ ⑨ $\begin{array}{r} 68 \\ \times\ 6 \\ \hline \end{array}$ ⑩ $\begin{array}{r} 41 \\ \times\ 6 \\ \hline \end{array}$

⑪ $\begin{array}{r} 82 \\ \times\ 6 \\ \hline \end{array}$ ⑫ $\begin{array}{r} 29 \\ \times\ 6 \\ \hline \end{array}$ ⑬ $\begin{array}{r} 60 \\ \times\ 6 \\ \hline \end{array}$ ⑭ $\begin{array}{r} 73 \\ \times\ 6 \\ \hline \end{array}$ ⑮ $\begin{array}{r} 33 \\ \times\ 6 \\ \hline \end{array}$

⑯ $\begin{array}{r} 14 \\ \times\ 6 \\ \hline \end{array}$ ⑰ $\begin{array}{r} 45 \\ \times\ 6 \\ \hline \end{array}$ ⑱ $\begin{array}{r} 96 \\ \times\ 6 \\ \hline \end{array}$ ⑲ $\begin{array}{r} 94 \\ \times\ 6 \\ \hline \end{array}$ ⑳ $\begin{array}{r} 63 \\ \times\ 6 \\ \hline \end{array}$

㉑ $\begin{array}{r} 43 \\ \times\ 6 \\ \hline \end{array}$ ㉒ $\begin{array}{r} 75 \\ \times\ 6 \\ \hline \end{array}$ ㉓ $\begin{array}{r} 81 \\ \times\ 6 \\ \hline \end{array}$ ㉔ $\begin{array}{r} 47 \\ \times\ 6 \\ \hline \end{array}$ ㉕ $\begin{array}{r} 56 \\ \times\ 6 \\ \hline \end{array}$

㉖ $\begin{array}{r} 52 \\ \times\ 6 \\ \hline \end{array}$ ㉗ $\begin{array}{r} 87 \\ \times\ 6 \\ \hline \end{array}$ ㉘ $\begin{array}{r} 23 \\ \times\ 6 \\ \hline \end{array}$ ㉙ $\begin{array}{r} 31 \\ \times\ 6 \\ \hline \end{array}$ ㉚ $\begin{array}{r} 34 \\ \times\ 6 \\ \hline \end{array}$

걸린시간 ____분 ____초

점수

확인

□ 안에 답 쓰기

공부한 날 월 일

① 5□ × 6 = 324	② 2□ × 6 = 156	③ 3□ × 6 = 228	④ 6□ × 6 = 396	⑤ 1□ × 6 = 90
⑥ 4□ × 6 = 288	⑦ 8□ × 6 = 510	⑧ 7□ × 6 = 426	⑨ 9□ × 6 = 582	⑩ 4□ × 6 = 294
⑪ 3□ × 6 = 222	⑫ 1□ × 6 = 102	⑬ 6□ × 6 = 390	⑭ 9□ × 6 = 588	⑮ 5□ × 6 = 354
⑯ 5□ × 6 = 318	⑰ 2□ × 6 = 144	⑱ 3□ × 6 = 210	⑲ 6□ × 6 = 372	⑳ 1□ × 6 = 108
㉑ 7□ × 6 = 444	㉒ 8□ × 6 = 498	㉓ 7□ × 6 = 474	㉔ 9□ × 6 = 594	㉕ 4□ × 6 = 264
㉖ 8□ × 6 = 516	㉗ 2□ × 6 = 168	㉘ 6□ × 6 = 384	㉙ 3□ × 6 = 192	㉚ 7□ × 6 = 468

걸린시간

____분

____초

점수

확인

곱셈 구구하기(1)

공부한 날 월 일

① $7 \times 86 =$	,	☐
② $7 \times 48 =$	,	☐
③ $7 \times 41 =$	,	☐
④ $7 \times 93 =$	,	☐
⑤ $7 \times 65 =$	,	☐
⑥ $7 \times 81 =$	,	☐
⑦ $7 \times 46 =$	,	☐
⑧ $7 \times 38 =$	,	☐
⑨ $7 \times 75 =$	,	☐
⑩ $7 \times 34 =$	,	☐
⑪ $7 \times 73 =$	,	☐
⑫ $7 \times 83 =$	,	☐
⑬ $7 \times 58 =$	,	☐
⑭ $7 \times 19 =$	,	☐
⑮ $7 \times 68 =$	,	☐
⑯ $7 \times 50 =$	,	☐
⑰ $7 \times 17 =$	,	☐
⑱ $7 \times 44 =$	,	☐
⑲ $7 \times 21 =$	,	☐
⑳ $7 \times 77 =$	,	☐

21 $76 \times 7 =$	,	☐
22 $60 \times 7 =$	,	☐
23 $27 \times 7 =$	,	☐
24 $45 \times 7 =$	,	☐
25 $11 \times 7 =$	,	☐
26 $74 \times 7 =$	,	☐
27 $37 \times 7 =$	,	☐
28 $67 \times 7 =$	,	☐
29 $56 \times 7 =$	,	☐
30 $91 \times 7 =$	,	☐
31 $28 \times 7 =$	,	☐
32 $35 \times 7 =$	,	☐
33 $64 \times 7 =$	,	☐
34 $57 \times 7 =$	,	☐
35 $29 \times 7 =$	,	☐
36 $98 \times 7 =$	,	☐
37 $20 \times 7 =$	,	☐
38 $85 \times 7 =$	,	☐
39 $79 \times 7 =$	,	☐
40 $25 \times 7 =$	,	☐

걸린시간 ____분 ____초

점수

확인

곱셈 구구하기(2)

공부한 날 월 일

1	$7 \times 52 =$,	
2	$7 \times 49 =$,	
3	$7 \times 95 =$,	
4	$7 \times 18 =$,	
5	$7 \times 43 =$,	
6	$7 \times 14 =$,	
7	$7 \times 26 =$,	
8	$7 \times 89 =$,	
9	$7 \times 13 =$,	
10	$7 \times 62 =$,	
11	$7 \times 59 =$,	
12	$7 \times 47 =$,	
13	$7 \times 82 =$,	
14	$7 \times 24 =$,	
15	$7 \times 39 =$,	
16	$7 \times 54 =$,	
17	$7 \times 16 =$,	
18	$7 \times 72 =$,	
19	$7 \times 97 =$,	
20	$7 \times 33 =$,	
21	$71 \times 7 =$,	
22	$30 \times 7 =$,	
23	$42 \times 7 =$,	
24	$36 \times 7 =$,	
25	$78 \times 7 =$,	
26	$92 \times 7 =$,	
27	$53 \times 7 =$,	
28	$66 \times 7 =$,	
29	$12 \times 7 =$,	
30	$84 \times 7 =$,	
31	$32 \times 7 =$,	
32	$96 \times 7 =$,	
33	$87 \times 7 =$,	
34	$51 \times 7 =$,	
35	$22 \times 7 =$,	
36	$88 \times 7 =$,	
37	$63 \times 7 =$,	
38	$94 \times 7 =$,	
39	$23 \times 7 =$,	
40	$61 \times 7 =$,	

걸린시간 ____분 ____초

점수

확인

7단

곱셈하기(1)

공부한 날 월 일

1. 7 × 86 =
2. 7 × 24 =
3. 7 × 22 =
4. 7 × 93 =
5. 7 × 65 =
6. 7 × 46 =
7. 7 × 53 =
8. 7 × 38 =
9. 7 × 75 =
10. 7 × 89 =
11. 7 × 78 =
12. 7 × 85 =
13. 7 × 16 =
14. 7 × 13 =
15. 7 × 36 =
16. 7 × 61 =
17. 7 × 96 =
18. 7 × 49 =
19. 7 × 28 =
20. 7 × 73 =
21. 72 × 7 =
22. 63 × 7 =
23. 26 × 7 =
24. 47 × 7 =
25. 18 × 7 =
26. 83 × 7 =
27. 32 × 7 =
28. 54 × 7 =
29. 44 × 7 =
30. 91 × 7 =
31. 25 × 7 =
32. 88 × 7 =
33. 59 × 7 =
34. 67 × 7 =
35. 34 × 7 =
36. 92 × 7 =
37. 41 × 7 =
38. 82 × 7 =
39. 74 × 7 =
40. 19 × 7 =

걸린시간 ____분 ____초

점수

확인

7단 곱셈하기(2)

공부한 날 월 일

1. 7 × 51 =
2. 7 × 39 =
3. 7 × 23 =
4. 7 × 55 =
5. 7 × 98 =
6. 7 × 12 =
7. 7 × 71 =
8. 7 × 40 =
9. 7 × 45 =
10. 7 × 69 =
11. 7 × 81 =
12. 7 × 56 =
13. 7 × 79 =
14. 7 × 33 =
15. 7 × 42 =
16. 7 × 29 =
17. 7 × 14 =
18. 7 × 37 =
19. 7 × 94 =
20. 7 × 68 =
21. 77 × 7 =
22. 35 × 7 =
23. 21 × 7 =
24. 84 × 7 =
25. 62 × 7 =
26. 43 × 7 =
27. 66 × 7 =
28. 95 × 7 =
29. 15 × 7 =
30. 58 × 7 =
31. 52 × 7 =
32. 97 × 7 =
33. 64 × 7 =
34. 48 × 7 =
35. 27 × 7 =
36. 76 × 7 =
37. 11 × 7 =
38. 17 × 7 =
39. 99 × 7 =
40. 87 × 7 =

걸린시간 ____분 ____초

점수

확인

세로 곱셈하기

공부한 날 월 일

①	②	③	④	⑤
$\begin{array}{r} 60 \\ \times\ 7 \\ \hline \end{array}$	$\begin{array}{r} 15 \\ \times\ 7 \\ \hline \end{array}$	$\begin{array}{r} 93 \\ \times\ 7 \\ \hline \end{array}$	$\begin{array}{r} 24 \\ \times\ 7 \\ \hline \end{array}$	$\begin{array}{r} 32 \\ \times\ 7 \\ \hline \end{array}$

⑥	⑦	⑧	⑨	⑩
$\begin{array}{r} 53 \\ \times\ 7 \\ \hline \end{array}$	$\begin{array}{r} 21 \\ \times\ 7 \\ \hline \end{array}$	$\begin{array}{r} 97 \\ \times\ 7 \\ \hline \end{array}$	$\begin{array}{r} 46 \\ \times\ 7 \\ \hline \end{array}$	$\begin{array}{r} 67 \\ \times\ 7 \\ \hline \end{array}$

⑪	⑫	⑬	⑭	⑮
$\begin{array}{r} 12 \\ \times\ 7 \\ \hline \end{array}$	$\begin{array}{r} 79 \\ \times\ 7 \\ \hline \end{array}$	$\begin{array}{r} 38 \\ \times\ 7 \\ \hline \end{array}$	$\begin{array}{r} 65 \\ \times\ 7 \\ \hline \end{array}$	$\begin{array}{r} 75 \\ \times\ 7 \\ \hline \end{array}$

⑯	⑰	⑱	⑲	⑳
$\begin{array}{r} 72 \\ \times\ 7 \\ \hline \end{array}$	$\begin{array}{r} 86 \\ \times\ 7 \\ \hline \end{array}$	$\begin{array}{r} 29 \\ \times\ 7 \\ \hline \end{array}$	$\begin{array}{r} 42 \\ \times\ 7 \\ \hline \end{array}$	$\begin{array}{r} 57 \\ \times\ 7 \\ \hline \end{array}$

21	22	23	24	25
$\begin{array}{r} 35 \\ \times\ 7 \\ \hline \end{array}$	$\begin{array}{r} 44 \\ \times\ 7 \\ \hline \end{array}$	$\begin{array}{r} 95 \\ \times\ 7 \\ \hline \end{array}$	$\begin{array}{r} 78 \\ \times\ 7 \\ \hline \end{array}$	$\begin{array}{r} 94 \\ \times\ 7 \\ \hline \end{array}$

26	27	28	29	30
$\begin{array}{r} 55 \\ \times\ 7 \\ \hline \end{array}$	$\begin{array}{r} 27 \\ \times\ 7 \\ \hline \end{array}$	$\begin{array}{r} 58 \\ \times\ 7 \\ \hline \end{array}$	$\begin{array}{r} 25 \\ \times\ 7 \\ \hline \end{array}$	$\begin{array}{r} 82 \\ \times\ 7 \\ \hline \end{array}$

걸린시간 ____분 ____초

점수

확인

□ 안에 답 쓰기

공부한 날 월 일

① $3\square \times 7 = 231$	② $5\square \times 7 = 378$	③ $2\square \times 7 = 182$	④ $7\square \times 7 = 497$	⑤ $9\square \times 7 = 644$
⑥ $8\square \times 7 = 588$	⑦ $6\square \times 7 = 434$	⑧ $1\square \times 7 = 91$	⑨ $4\square \times 7 = 336$	⑩ $1\square \times 7 = 119$
⑪ $2\square \times 7 = 196$	⑫ $7\square \times 7 = 511$	⑬ $4\square \times 7 = 301$	⑭ $8\square \times 7 = 616$	⑮ $3\square \times 7 = 252$
⑯ $8\square \times 7 = 595$	⑰ $9\square \times 7 = 672$	⑱ $1\square \times 7 = 133$	⑲ $7\square \times 7 = 539$	⑳ $6\square \times 7 = 448$
㉑ $3\square \times 7 = 273$	㉒ $5\square \times 7 = 364$	㉓ $9\square \times 7 = 686$	㉔ $6\square \times 7 = 483$	㉕ $4\square \times 7 = 315$
㉖ $1\square \times 7 = 112$	㉗ $4\square \times 7 = 329$	㉘ $6\square \times 7 = 441$	㉙ $5\square \times 7 = 413$	㉚ $2\square \times 7 = 154$

걸린시간

____분

____초

점수

확인

8단 곱셈 구구하기(1)

공부한 날 월 일

① $8 \times 61 =$,		㉑ $17 \times 8 =$,	
② $8 \times 16 =$,		㉒ $25 \times 8 =$,	
③ $8 \times 51 =$,		㉓ $27 \times 8 =$,	
④ $8 \times 76 =$,		㉔ $14 \times 8 =$,	
⑤ $8 \times 11 =$,		㉕ $58 \times 8 =$,	
⑥ $8 \times 83 =$,		㉖ $36 \times 8 =$,	
⑦ $8 \times 28 =$,		㉗ $47 \times 8 =$,	
⑧ $8 \times 46 =$,		㉘ $99 \times 8 =$,	
⑨ $8 \times 97 =$,		㉙ $45 \times 8 =$,	
⑩ $8 \times 21 =$,		㉚ $31 \times 8 =$,	
⑪ $8 \times 18 =$,		㉛ $68 \times 8 =$,	
⑫ $8 \times 44 =$,		㉜ $86 \times 8 =$,	
⑬ $8 \times 85 =$,		㉝ $71 \times 8 =$,	
⑭ $8 \times 52 =$,		㉞ $67 \times 8 =$,	
⑮ $8 \times 81 =$,		㉟ $43 \times 8 =$,	
⑯ $8 \times 37 =$,		㊱ $89 \times 8 =$,	
⑰ $8 \times 55 =$,		㊲ $39 \times 8 =$,	
⑱ $8 \times 64 =$,		㊳ $56 \times 8 =$,	
⑲ $8 \times 35 =$,		㊴ $80 \times 8 =$,	
⑳ $8 \times 74 =$,		㊵ $94 \times 8 =$,	

걸린시간
____분
____초

점수

확인

8단 곱셈 구구하기(2)

공부한 날 월 일

1	$8\times62=$	,	21	$13\times8=$	,
2	$8\times70=$	,	22	$95\times8=$	,
3	$8\times24=$	,	23	$66\times8=$	,
4	$8\times75=$	,	24	$48\times8=$	,
5	$8\times50=$	,	25	$91\times8=$	,
6	$8\times29=$	,	26	$41\times8=$	,
7	$8\times90=$	,	27	$23\times8=$	,
8	$8\times32=$	,	28	$77\times8=$	,
9	$8\times26=$	,	29	$98\times8=$	,
10	$8\times93=$	,	30	$15\times8=$	,
11	$8\times12=$	,	31	$20\times8=$	,
12	$8\times88=$	,	32	$73\times8=$	,
13	$8\times96=$	,	33	$19\times8=$	,
14	$8\times63=$	,	34	$65\times8=$	,
15	$8\times72=$	,	35	$60\times8=$	,
16	$8\times57=$	,	36	$82\times8=$	,
17	$8\times84=$	,	37	$59\times8=$	,
18	$8\times53=$	,	38	$34\times8=$	,
19	$8\times38=$	,	39	$87\times8=$	,
20	$8\times54=$	,	40	$49\times8=$	,

걸린시간 ____분 ____초

점수

확인

8단 곱셈하기(1)

공부한 날 월 일

1. 8 × 61 =
2. 8 × 16 =
3. 8 × 28 =
4. 8 × 69 =
5. 8 × 85 =
6. 8 × 43 =
7. 8 × 51 =
8. 8 × 76 =
9. 8 × 97 =
10. 8 × 34 =
11. 8 × 58 =
12. 8 × 49 =
13. 8 × 95 =
14. 8 × 12 =
15. 8 × 78 =
16. 8 × 31 =
17. 8 × 21 =
18. 8 × 87 =
19. 8 × 11 =
20. 8 × 68 =
21. 19 × 8 =
22. 23 × 8 =
23. 72 × 8 =
24. 47 × 8 =
25. 56 × 8 =
26. 38 × 8 =
27. 84 × 8 =
28. 92 × 8 =
29. 63 × 8 =
30. 39 × 8 =
31. 65 × 8 =
32. 41 × 8 =
33. 75 × 8 =
34. 18 × 8 =
35. 82 × 8 =
36. 26 × 8 =
37. 33 × 8 =
38. 54 × 8 =
39. 27 × 8 =
40. 93 × 8 =

걸린시간 ____분 ____초

점수

확인

곱셈하기(2)

공부한 날 월 일

1 8 × 62 =

2 8 × 71 =

3 8 × 29 =

4 8 × 70 =

5 8 × 59 =

6 8 × 45 =

7 8 × 99 =

8 8 × 36 =

9 8 × 15 =

10 8 × 83 =

11 8 × 77 =

12 8 × 86 =

13 8 × 98 =

14 8 × 64 =

15 8 × 79 =

16 8 × 14 =

17 8 × 35 =

18 8 × 24 =

19 8 × 46 =

20 8 × 89 =

21 13 × 8 =

22 94 × 8 =

23 67 × 8 =

24 42 × 8 =

25 53 × 8 =

26 25 × 8 =

27 91 × 8 =

28 73 × 8 =

29 32 × 8 =

30 22 × 8 =

31 81 × 8 =

32 52 × 8 =

33 37 × 8 =

34 66 × 8 =

35 17 × 8 =

36 74 × 8 =

37 96 × 8 =

38 40 × 8 =

39 57 × 8 =

40 48 × 8 =

걸린시간 ____분 ____초

점수

확인

세로 식 답 쓰기

공부한 날 　　월 　　일

① $\begin{array}{r} 76 \\ \times\ 8 \\ \hline \end{array}$ ② $\begin{array}{r} 44 \\ \times\ 8 \\ \hline \end{array}$ ③ $\begin{array}{r} 53 \\ \times\ 8 \\ \hline \end{array}$ ④ $\begin{array}{r} 25 \\ \times\ 8 \\ \hline \end{array}$ ⑤ $\begin{array}{r} 31 \\ \times\ 8 \\ \hline \end{array}$

⑥ $\begin{array}{r} 55 \\ \times\ 8 \\ \hline \end{array}$ ⑦ $\begin{array}{r} 64 \\ \times\ 8 \\ \hline \end{array}$ ⑧ $\begin{array}{r} 95 \\ \times\ 8 \\ \hline \end{array}$ ⑨ $\begin{array}{r} 11 \\ \times\ 8 \\ \hline \end{array}$ ⑩ $\begin{array}{r} 72 \\ \times\ 8 \\ \hline \end{array}$

⑪ $\begin{array}{r} 90 \\ \times\ 8 \\ \hline \end{array}$ ⑫ $\begin{array}{r} 49 \\ \times\ 8 \\ \hline \end{array}$ ⑬ $\begin{array}{r} 75 \\ \times\ 8 \\ \hline \end{array}$ ⑭ $\begin{array}{r} 28 \\ \times\ 8 \\ \hline \end{array}$ ⑮ $\begin{array}{r} 12 \\ \times\ 8 \\ \hline \end{array}$

⑯ $\begin{array}{r} 18 \\ \times\ 8 \\ \hline \end{array}$ ⑰ $\begin{array}{r} 39 \\ \times\ 8 \\ \hline \end{array}$ ⑱ $\begin{array}{r} 58 \\ \times\ 8 \\ \hline \end{array}$ ⑲ $\begin{array}{r} 63 \\ \times\ 8 \\ \hline \end{array}$ ⑳ $\begin{array}{r} 47 \\ \times\ 8 \\ \hline \end{array}$

㉑ $\begin{array}{r} 93 \\ \times\ 8 \\ \hline \end{array}$ ㉒ $\begin{array}{r} 13 \\ \times\ 8 \\ \hline \end{array}$ ㉓ $\begin{array}{r} 21 \\ \times\ 8 \\ \hline \end{array}$ ㉔ $\begin{array}{r} 61 \\ \times\ 8 \\ \hline \end{array}$ ㉕ $\begin{array}{r} 87 \\ \times\ 8 \\ \hline \end{array}$

㉖ $\begin{array}{r} 62 \\ \times\ 8 \\ \hline \end{array}$ ㉗ $\begin{array}{r} 57 \\ \times\ 8 \\ \hline \end{array}$ ㉘ $\begin{array}{r} 17 \\ \times\ 8 \\ \hline \end{array}$ ㉙ $\begin{array}{r} 40 \\ \times\ 8 \\ \hline \end{array}$ ㉚ $\begin{array}{r} 92 \\ \times\ 8 \\ \hline \end{array}$

걸린시간 ____분 ____초

점수

확인

□ 안에 답 쓰기

공부한 날 　　월 　　일

① 3□ × 8 = 280

② 9□ × 8 = 768

③ 7□ × 8 = 624

④ 8□ × 8 = 672

⑤ 6□ × 8 = 528

⑥ 1□ × 8 = 112

⑦ 5□ × 8 = 472

⑧ 2□ × 8 = 184

⑨ 4□ × 8 = 384

⑩ 8□ × 8 = 648

⑪ 4□ × 8 = 344

⑫ 2□ × 8 = 192

⑬ 5□ × 8 = 448

⑭ 3□ × 8 = 296

⑮ 9□ × 8 = 792

⑯ 1□ × 8 = 128

⑰ 8□ × 8 = 664

⑱ 4□ × 8 = 368

⑲ 6□ × 8 = 520

⑳ 7□ × 8 = 592

㉑ 7□ × 8 = 632

㉒ 9□ × 8 = 728

㉓ 5□ × 8 = 432

㉔ 6□ × 8 = 536

㉕ 3□ × 8 = 256

㉖ 8□ × 8 = 656

㉗ 9□ × 8 = 784

㉘ 2□ × 8 = 216

㉙ 7□ × 8 = 584

㉚ 3□ × 8 = 288

걸린시간

____분

____초

점수

확인

곱셈 구구하기(1)

공부한 날 월 일

1	$9 \times 86 =$,	□	21	$34 \times 9 =$,	□
2	$9 \times 92 =$,	□	22	$24 \times 9 =$,	□
3	$9 \times 71 =$,	□	23	$16 \times 9 =$,	□
4	$9 \times 35 =$,	□	24	$95 \times 9 =$,	□
5	$9 \times 57 =$,	□	25	$28 \times 9 =$,	□
6	$9 \times 14 =$,	□	26	$79 \times 9 =$,	□
7	$9 \times 39 =$,	□	27	$96 \times 9 =$,	□
8	$9 \times 22 =$,	□	28	$42 \times 9 =$,	□
9	$9 \times 64 =$,	□	29	$59 \times 9 =$,	□
10	$9 \times 83 =$,	□	30	$98 \times 9 =$,	□
11	$9 \times 62 =$,	□	31	$45 \times 9 =$,	□
12	$9 \times 23 =$,	□	32	$52 \times 9 =$,	□
13	$9 \times 56 =$,	□	33	$49 \times 9 =$,	□
14	$9 \times 47 =$,	□	34	$21 \times 9 =$,	□
15	$9 \times 19 =$,	□	35	$54 \times 9 =$,	□
16	$9 \times 65 =$,	□	36	$13 \times 9 =$,	□
17	$9 \times 43 =$,	□	37	$38 \times 9 =$,	□
18	$9 \times 73 =$,	□	38	$29 \times 9 =$,	□
19	$9 \times 94 =$,	□	39	$75 \times 9 =$,	□
20	$9 \times 32 =$,	□	40	$82 \times 9 =$,	□

걸린시간 ____분 ____초

점수

확인

곱셈 구구하기(2)

공부한 날 월 일

번호	문제		답	번호	문제		답
1	$9\times87=$	,		21	$46\times9=$	,	
2	$9\times53=$	,		22	$17\times9=$	,	
3	$9\times72=$	,		23	$68\times9=$	,	
4	$9\times18=$	,		24	$27\times9=$	,	
5	$9\times26=$	,		25	$70\times9=$	,	
6	$9\times33=$	,		26	$15\times9=$	,	
7	$9\times89=$	,		27	$84\times9=$	,	
8	$9\times58=$	,		28	$51\times9=$	,	
9	$9\times85=$	,		29	$97\times9=$	,	
10	$9\times63=$	,		30	$36\times9=$	,	
11	$9\times41=$	,		31	$61\times9=$	,	
12	$9\times77=$	,		32	$74\times9=$	,	
13	$9\times69=$	,		33	$99\times9=$	,	
14	$9\times48=$	,		34	$44\times9=$	,	
15	$9\times91=$	,		35	$55\times9=$	,	
16	$9\times78=$	,		36	$67\times9=$	,	
17	$9\times25=$	,		37	$88\times9=$	,	
18	$9\times66=$	,		38	$93\times9=$	,	
19	$9\times37=$	,		39	$76\times9=$	,	
20	$9\times12=$	,		40	$31\times9=$	,	

걸린시간 ____분 ____초

점수

확인

9단

곱셈하기(1)

공부한 날 월 일

1. $9 \times 86 =$
2. $9 \times 63 =$
3. $9 \times 77 =$
4. $9 \times 35 =$
5. $9 \times 57 =$
6. $9 \times 19 =$
7. $9 \times 47 =$
8. $9 \times 22 =$
9. $9 \times 91 =$
10. $9 \times 29 =$
11. $9 \times 62 =$
12. $9 \times 25 =$
13. $9 \times 71 =$
14. $9 \times 45 =$
15. $9 \times 14 =$
16. $9 \times 53 =$
17. $9 \times 38 =$
18. $9 \times 85 =$
19. $9 \times 96 =$
20. $9 \times 44 =$
21. $33 \times 9 =$
22. $26 \times 9 =$
23. $17 \times 9 =$
24. $95 \times 9 =$
25. $42 \times 9 =$
26. $79 \times 9 =$
27. $66 \times 9 =$
28. $83 \times 9 =$
29. $59 \times 9 =$
30. $90 \times 9 =$
31. $43 \times 9 =$
32. $51 \times 9 =$
33. $75 \times 9 =$
34. $28 \times 9 =$
35. $64 \times 9 =$
36. $32 \times 9 =$
37. $16 \times 9 =$
38. $93 \times 9 =$
39. $50 \times 9 =$
40. $81 \times 9 =$

걸린시간 ___분 ___초

점수

확인

9단 곱셈하기(2)

공부한 날 월 일

1. $9 \times 82 =$
2. $9 \times 24 =$
3. $9 \times 73 =$
4. $9 \times 12 =$
5. $9 \times 46 =$
6. $9 \times 39 =$
7. $9 \times 92 =$
8. $9 \times 56 =$
9. $9 \times 60 =$
10. $9 \times 65 =$
11. $9 \times 48 =$
12. $9 \times 34 =$
13. $9 \times 69 =$
14. $9 \times 23 =$
15. $9 \times 54 =$
16. $9 \times 72 =$
17. $9 \times 97 =$
18. $9 \times 89 =$
19. $9 \times 37 =$
20. $9 \times 13 =$
21. $27 \times 9 =$
22. $18 \times 9 =$
23. $31 \times 9 =$
24. $15 \times 9 =$
25. $78 \times 9 =$
26. $41 \times 9 =$
27. $84 \times 9 =$
28. $52 \times 9 =$
29. $67 \times 9 =$
30. $94 \times 9 =$
31. $21 \times 9 =$
32. $74 \times 9 =$
33. $98 \times 9 =$
34. $49 \times 9 =$
35. $58 \times 9 =$
36. $61 \times 9 =$
37. $87 \times 9 =$
38. $11 \times 9 =$
39. $70 \times 9 =$
40. $36 \times 9 =$

걸린시간 ____분 ____초

점수

확인

세로 곱셈하기

공부한 날 월 일

①	②	③	④	⑤
34×9	29×9	43×9	14×9	55×9

⑥	⑦	⑧	⑨	⑩
82×9	73×9	81×9	46×9	90×9

⑪	⑫	⑬	⑭	⑮
48×9	96×9	77×9	24×9	88×9

⑯	⑰	⑱	⑲	⑳
36×9	17×9	98×9	53×9	87×9

㉑	㉒	㉓	㉔	㉕
42×9	86×9	26×9	35×9	64×9

㉖	㉗	㉘	㉙	㉚
68×9	79×9	31×9	49×9	20×9

걸린시간
____분
____초

점수

확인

□ 안에 답 쓰기

공부한 날 월 일

① $3\square \times 9 = 333$

② $9\square \times 9 = 846$

③ $7\square \times 9 = 684$

④ $8\square \times 9 = 747$

⑤ $1\square \times 9 = 135$

⑥ $6\square \times 9 = 621$

⑦ $9\square \times 9 = 819$

⑧ $3\square \times 9 = 342$

⑨ $5\square \times 9 = 486$

⑩ $2\square \times 9 = 189$

⑪ $4\square \times 9 = 396$

⑫ $8\square \times 9 = 720$

⑬ $1\square \times 9 = 144$

⑭ $6\square \times 9 = 558$

⑮ $7\square \times 9 = 702$

⑯ $5\square \times 9 = 468$

⑰ $3\square \times 9 = 297$

⑱ $6\square \times 9 = 585$

⑲ $1\square \times 9 = 162$

⑳ $2\square \times 9 = 243$

㉑ $8\square \times 9 = 765$

㉒ $7\square \times 9 = 675$

㉓ $4\square \times 9 = 405$

㉔ $9\square \times 9 = 891$

㉕ $6\square \times 9 = 603$

㉖ $5\square \times 9 = 504$

㉗ $2\square \times 9 = 252$

㉘ $4\square \times 9 = 423$

㉙ $9\square \times 9 = 837$

㉚ $1\square \times 9 = 171$

걸린시간 ___분 ___초

점수

확인

종합연습문제(1)

공부한 날 월 일

1. 41 × 5 =
2. 96 × 7 =
3. 29 × 8 =
4. 18 × 2 =
5. 42 × 4 =
6. 85 × 9 =
7. 34 × 3 =
8. 59 × 6 =
9. 67 × 4 =
10. 73 × 8 =
11. 2 × 55 =
12. 4 × 76 =
13. 9 × 36 =
14. 8 × 24 =
15. 5 × 49 =
16. 4 × 12 =
17. 3 × 63 =
18. 6 × 27 =
19. 7 × 93 =
20. 9 × 58 =

21. 81×3
22. 47×5
23. 14×7
24. 32×6
25. 25×9
26. 64×8
27. 71×2
28. 58×4
29. 97×6
30. 69×4

31. $6\square \times 4 = 248$
32. $5\square \times 8 = 456$
33. $9\square \times 2 = 184$
34. $7\square \times 3 = 222$
35. $4\square \times 4 = 180$
36. $2\square \times 3 = 84$
37. $4\square \times 7 = 322$
38. $1\square \times 5 = 65$
39. $3\square \times 9 = 297$
40. $8\square \times 6 = 516$

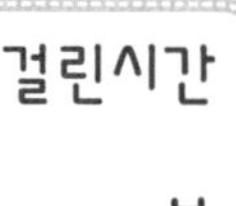

걸린시간 ____분 ____초

점수

확인

종합연습문제(2)

공부한 날 월 일

1. 26 × 7 =
2. 43 × 2 =
3. 77 × 6 =
4. 65 × 4 =
5. 91 × 5 =
6. 58 × 8 =
7. 17 × 3 =
8. 35 × 9 =
9. 82 × 6 =
10. 39 × 5 =
11. 9 × 44 =
12. 5 × 68 =
13. 8 × 23 =
14. 3 × 51 =
15. 4 × 74 =
16. 6 × 15 =
17. 2 × 38 =
18. 8 × 94 =
19. 7 × 82 =
20. 5 × 96 =

21. $\begin{array}{r} 43 \\ \times\ 6 \\ \hline \end{array}$
22. $\begin{array}{r} 17 \\ \times\ 9 \\ \hline \end{array}$
23. $\begin{array}{r} 74 \\ \times\ 5 \\ \hline \end{array}$
24. $\begin{array}{r} 65 \\ \times\ 2 \\ \hline \end{array}$
25. $\begin{array}{r} 35 \\ \times\ 4 \\ \hline \end{array}$
26. $\begin{array}{r} 56 \\ \times\ 7 \\ \hline \end{array}$
27. $\begin{array}{r} 22 \\ \times\ 3 \\ \hline \end{array}$
28. $\begin{array}{r} 89 \\ \times\ 6 \\ \hline \end{array}$
29. $\begin{array}{r} 91 \\ \times\ 8 \\ \hline \end{array}$
30. $\begin{array}{r} 14 \\ \times\ 4 \\ \hline \end{array}$

31. $\begin{array}{r} 3\square \\ \times\ 5 \\ \hline 185 \end{array}$
32. $\begin{array}{r} 4\square \\ \times\ 3 \\ \hline 147 \end{array}$
33. $\begin{array}{r} 6\square \\ \times\ 7 \\ \hline 434 \end{array}$
34. $\begin{array}{r} 5\square \\ \times\ 6 \\ \hline 324 \end{array}$
35. $\begin{array}{r} 2\square \\ \times\ 5 \\ \hline 125 \end{array}$
36. $\begin{array}{r} 7\square \\ \times\ 4 \\ \hline 308 \end{array}$
37. $\begin{array}{r} 1\square \\ \times\ 8 \\ \hline 128 \end{array}$
38. $\begin{array}{r} 8\square \\ \times\ 2 \\ \hline 162 \end{array}$
39. $\begin{array}{r} 9\square \\ \times\ 9 \\ \hline 837 \end{array}$
40. $\begin{array}{r} 3\square \\ \times\ 5 \\ \hline 195 \end{array}$

걸린시간 ___분 ___초

점수

확인

종합연습문제(3)

공부한 날 월 일

① $18 \times 6 =$
② $78 \times 4 =$
③ $44 \times 7 =$
④ $89 \times 3 =$
⑤ $25 \times 9 =$
⑥ $69 \times 8 =$
⑦ $94 \times 5 =$
⑧ $31 \times 7 =$
⑨ $52 \times 2 =$
⑩ $64 \times 6 =$
⑪ $3 \times 83 =$
⑫ $4 \times 92 =$
⑬ $7 \times 61 =$
⑭ $9 \times 29 =$
⑮ $5 \times 36 =$
⑯ $8 \times 57 =$
⑰ $2 \times 12 =$
⑱ $3 \times 75 =$
⑲ $6 \times 46 =$
⑳ $4 \times 87 =$

㉑ $\begin{array}{r} 24 \\ \times\ 9 \\ \hline \end{array}$
㉒ $\begin{array}{r} 93 \\ \times\ 3 \\ \hline \end{array}$
㉓ $\begin{array}{r} 76 \\ \times\ 2 \\ \hline \end{array}$
㉔ $\begin{array}{r} 19 \\ \times\ 7 \\ \hline \end{array}$
㉕ $\begin{array}{r} 37 \\ \times\ 6 \\ \hline \end{array}$

㉖ $\begin{array}{r} 53 \\ \times\ 4 \\ \hline \end{array}$
㉗ $\begin{array}{r} 14 \\ \times\ 8 \\ \hline \end{array}$
㉘ $\begin{array}{r} 63 \\ \times\ 5 \\ \hline \end{array}$
㉙ $\begin{array}{r} 85 \\ \times\ 7 \\ \hline \end{array}$
㉚ $\begin{array}{r} 68 \\ \times\ 3 \\ \hline \end{array}$

㉛ $\begin{array}{r} 3\square \\ \times\ 5 \\ \hline 165 \end{array}$
㉜ $\begin{array}{r} 5\square \\ \times\ 8 \\ \hline 400 \end{array}$
㉝ $\begin{array}{r} 2\square \\ \times\ 9 \\ \hline 243 \end{array}$
㉞ $\begin{array}{r} 7\square \\ \times\ 6 \\ \hline 444 \end{array}$
㉟ $\begin{array}{r} 6\square \\ \times\ 2 \\ \hline 120 \end{array}$

㊱ $\begin{array}{r} 4\square \\ \times\ 4 \\ \hline 188 \end{array}$
㊲ $\begin{array}{r} 8\square \\ \times\ 3 \\ \hline 252 \end{array}$
㊳ $\begin{array}{r} 9\square \\ \times\ 5 \\ \hline 455 \end{array}$
㊴ $\begin{array}{r} 1\square \\ \times\ 7 \\ \hline 126 \end{array}$
㊵ $\begin{array}{r} 5\square \\ \times\ 6 \\ \hline 336 \end{array}$

걸린시간 ____분 ____초

점수

확인

종합연습문제(4)

공부한 날 월 일

1. $90 \times 8 =$
2. $48 \times 3 =$
3. $84 \times 6 =$
4. $56 \times 4 =$
5. $13 \times 9 =$
6. $63 \times 5 =$
7. $77 \times 7 =$
8. $23 \times 2 =$
9. $33 \times 4 =$
10. $61 \times 3 =$
11. $5 \times 98 =$
12. $7 \times 63 =$
13. $2 \times 73 =$
14. $9 \times 19 =$
15. $4 \times 39 =$
16. $6 \times 50 =$
17. $8 \times 26 =$
18. $3 \times 47 =$
19. $7 \times 80 =$
20. $6 \times 66 =$

21. $\begin{array}{r} 94 \\ \times\ \ 3 \\ \hline \end{array}$
22. $\begin{array}{r} 25 \\ \times\ \ 6 \\ \hline \end{array}$
23. $\begin{array}{r} 55 \\ \times\ \ 7 \\ \hline \end{array}$
24. $\begin{array}{r} 63 \\ \times\ \ 4 \\ \hline \end{array}$
25. $\begin{array}{r} 82 \\ \times\ \ 3 \\ \hline \end{array}$
26. $\begin{array}{r} 39 \\ \times\ \ 8 \\ \hline \end{array}$
27. $\begin{array}{r} 75 \\ \times\ \ 2 \\ \hline \end{array}$
28. $\begin{array}{r} 10 \\ \times\ \ 5 \\ \hline \end{array}$
29. $\begin{array}{r} 49 \\ \times\ \ 9 \\ \hline \end{array}$
30. $\begin{array}{r} 38 \\ \times\ \ 4 \\ \hline \end{array}$

31. $\begin{array}{r} 2\square \\ \times\ \ 3 \\ \hline 87 \end{array}$
32. $\begin{array}{r} 3\square \\ \times\ \ 8 \\ \hline 272 \end{array}$
33. $\begin{array}{r} 7\square \\ \times\ \ 2 \\ \hline 148 \end{array}$
34. $\begin{array}{r} 4\square \\ \times\ \ 7 \\ \hline 280 \end{array}$
35. $\begin{array}{r} 2\square \\ \times\ \ 5 \\ \hline 140 \end{array}$
36. $\begin{array}{r} 9\square \\ \times\ \ 2 \\ \hline 190 \end{array}$
37. $\begin{array}{r} 6\square \\ \times\ \ 4 \\ \hline 264 \end{array}$
38. $\begin{array}{r} 1\square \\ \times\ \ 6 \\ \hline 102 \end{array}$
39. $\begin{array}{r} 8\square \\ \times\ \ 9 \\ \hline 801 \end{array}$
40. $\begin{array}{r} 5\square \\ \times\ \ 4 \\ \hline 208 \end{array}$

걸린시간 ____분 ____초

점수

확인

3자리×1자리 곱셈 연습문제(1)

공부한 날　　월　　일

1. 317 × 6 =
2. 258 × 2 =
3. 364 × 5 =
4. 131 × 3 =
5. 201 × 9 =
6. 691 × 4 =
7. 916 × 7 =
8. 480 × 3 =
9. 542 × 8 =
10. 771 × 2 =
11. 145 × 5 =
12. 280 × 3 =
13. 368 × 7 =
14. 459 × 6 =
15. 295 × 9 =
16. 630 × 2 =
17. 722 × 4 =
18. 432 × 8 =
19. 693 × 6 =
20. 386 × 4 =
21. 8 × 862 =
22. 2 × 501 =
23. 4 × 113 =
24. 5 × 818 =
25. 9 × 534 =
26. 2 × 724 =
27. 7 × 299 =
28. 3 × 194 =
29. 6 × 291 =
30. 2 × 137 =
31. 6 × 123 =
32. 9 × 179 =
33. 4 × 581 =
34. 8 × 235 =
35. 2 × 439 =
36. 3 × 553 =
37. 8 × 498 =
38. 5 × 614 =
39. 7 × 305 =
40. 9 × 271 =

걸린시간 ____분 ____초

점수

확인

3자리×1자리 곱셈 연습문제(2)

공부한 날 월 일

1	397 × 3 =	21	8 × 219 =
2	179 × 9 =	22	6 × 373 =
3	293 × 7 =	23	4 × 438 =
4	455 × 4 =	24	2 × 614 =
5	712 × 1 =	25	9 × 391 =
6	627 × 2 =	26	8 × 831 =
7	565 × 5 =	27	3 × 572 =
8	489 × 8 =	28	5 × 164 =
9	944 × 6 =	29	7 × 358 =
10	162 × 7 =	30	8 × 477 =
11	171 × 9 =	31	2 × 367 =
12	360 × 7 =	32	7 × 195 =
13	517 × 5 =	33	9 × 278 =
14	434 × 4 =	34	4 × 190 =
15	939 × 3 =	35	6 × 394 =
16	811 × 9 =	36	2 × 732 =
17	526 × 6 =	37	8 × 274 =
18	705 × 2 =	38	3 × 122 =
19	450 × 8 =	39	5 × 318 =
20	237 × 5 =	40	6 × 568 =

걸린시간

____분

____초

점수

확인

3자리×1자리 곱셈 연습문제(3)

공부한 날 월 일

1. 123 × 8 =
2. 270 × 4 =
3. 157 × 7 =
4. 260 × 3 =
5. 372 × 5 =
6. 547 × 2 =
7. 614 × 6 =
8. 212 × 9 =
9. 489 × 4 =
10. 177 × 7 =
11. 293 × 9 =
12. 811 × 3 =
13. 551 × 5 =
14. 352 × 8 =
15. 419 × 6 =
16. 183 × 7 =
17. 627 × 2 =
18. 491 × 5 =
19. 196 × 4 =
20. 265 × 2 =
21. 5 × 619 =
22. 8 × 261 =
23. 3 × 575 =
24. 1 × 782 =
25. 4 × 624 =
26. 9 × 335 =
27. 2 × 913 =
28. 6 × 248 =
29. 3 × 887 =
30. 7 × 160 =
31. 3 × 597 =
32. 7 × 312 =
33. 2 × 480 =
34. 9 × 194 =
35. 4 × 373 =
36. 7 × 240 =
37. 6 × 374 =
38. 5 × 288 =
39. 8 × 328 =
40. 4 × 323 =

걸린시간 ____분 ____초

점수

확인

3자리×1자리

곱셈 연습문제(4)

공부한 날 월 일

1. 261 × 8 =
2. 458 × 4 =
3. 812 × 6 =
4. 613 × 2 =
5. 248 × 7 =
6. 381 × 9 =
7. 146 × 2 =
8. 273 × 5 =
9. 531 × 1 =
10. 711 × 6 =
11. 914 × 4 =
12. 264 × 9 =
13. 685 × 3 =
14. 145 × 8 =
15. 224 × 7 =
16. 715 × 2 =
17. 818 × 4 =
18. 248 × 6 =
19. 590 × 5 =
20. 421 × 3 =
21. 5 × 383 =
22. 3 × 586 =
23. 2 × 774 =
24. 7 × 483 =
25. 8 × 249 =
26. 9 × 189 =
27. 6 × 515 =
28. 7 × 769 =
29. 4 × 559 =
30. 2 × 366 =
31. 2 × 270 =
32. 3 × 617 =
33. 8 × 729 =
34. 4 × 394 =
35. 9 × 553 =
36. 6 × 265 =
37. 3 × 425 =
38. 5 × 182 =
39. 7 × 642 =
40. 6 × 350 =

걸린시간

____분

____초

점수

확인

3자리×1자리 곱셈 연습문제(5)

공부한 날 월 일

1	319 × 4 =	21	7 × 547 =
2	613 × 8 =	22	5 × 383 =
3	464 × 6 =	23	3 × 258 =
4	618 × 3 =	24	9 × 265 =
5	161 × 5 =	25	2 × 652 =
6	523 × 2 =	26	4 × 423 =
7	275 × 9 =	27	6 × 542 =
8	370 × 3 =	28	8 × 334 =
9	235 × 7 =	29	2 × 786 =
10	317 × 8 =	30	3 × 740 =
11	810 × 3 =	31	7 × 271 =
12	390 × 9 =	32	2 × 745 =
13	861 × 2 =	33	5 × 541 =
14	229 × 6 =	34	6 × 648 =
15	743 × 1 =	35	4 × 830 =
16	547 × 8 =	36	7 × 478 =
17	612 × 5 =	37	3 × 366 =
18	477 × 4 =	38	9 × 199 =
19	332 × 7 =	39	8 × 589 =
20	232 × 9 =	40	2 × 717 =

걸린시간

____분

____초

점수

확인

3자리×1자리 곱셈 연습문제(6)

공부한 날 월 일

1. 458 × 5 =
2. 751 × 4 =
3. 553 × 6 =
4. 693 × 3 =
5. 836 × 6 =
6. 298 × 8 =
7. 495 × 2 =
8. 832 × 5 =
9. 486 × 9 =
10. 831 × 7 =
11. 298 × 4 =
12. 549 × 6 =
13. 284 × 9 =
14. 324 × 5 =
15. 429 × 7 =
16. 141 × 8 =
17. 580 × 3 =
18. 637 × 2 =
19. 552 × 5 =
20. 754 × 8 =
21. 3 × 555 =
22. 2 × 763 =
23. 1 × 913 =
24. 9 × 259 =
25. 8 × 311 =
26. 4 × 932 =
27. 5 × 456 =
28. 6 × 285 =
29. 7 × 330 =
30. 4 × 423 =
31. 9 × 179 =
32. 7 × 275 =
33. 6 × 369 =
34. 2 × 816 =
35. 3 × 139 =
36. 5 × 650 =
37. 8 × 292 =
38. 9 × 426 =
39. 4 × 542 =
40. 3 × 451 =

걸린시간

____분

____초

점수

확인

3자리×1자리 곱셈 연습문제(7)

공부한 날 월 일

1. 627 × 3 =
2. 176 × 9 =
3. 380 × 7 =
4. 545 × 5 =
5. 312 × 8 =
6. 123 × 2 =
7. 927 × 5 =
8. 520 × 4 =
9. 836 × 6 =
10. 415 × 3 =
11. 901 × 2 =
12. 560 × 5 =
13. 494 × 8 =
14. 717 × 6 =
15. 321 × 3 =
16. 111 × 9 =
17. 373 × 4 =
18. 190 × 7 =
19. 504 × 8 =
20. 300 × 5 =
21. 5 × 317 =
22. 3 × 716 =
23. 7 × 524 =
24. 9 × 313 =
25. 8 × 461 =
26. 2 × 811 =
27. 7 × 526 =
28. 4 × 580 =
29. 6 × 370 =
30. 4 × 406 =
31. 6 × 222 =
32. 9 × 116 =
33. 3 × 366 =
34. 2 × 820 =
35. 7 × 403 =
36. 5 × 603 =
37. 3 × 817 =
38. 4 × 289 =
39. 6 × 916 =
40. 8 × 523 =

걸린시간 ____분 ____초

점수

확인

3자리×1자리
곱셈 연습문제(8)

공부한 날 월 일

1. 818 × 2 =
2. 627 × 4 =
3. 362 × 8 =
4. 732 × 3 =
5. 441 × 5 =
6. 591 × 7 =
7. 244 × 9 =
8. 526 × 6 =
9. 647 × 4 =
10. 374 × 7 =
11. 615 × 3 =
12. 418 × 5 =
13. 395 × 6 =
14. 227 × 7 =
15. 397 × 4 =
16. 351 × 8 =
17. 288 × 2 =
18. 239 × 9 =
19. 773 × 6 =
20. 620 × 9 =
21. 3 × 818 =
22. 4 × 921 =
23. 8 × 422 =
24. 5 × 826 =
25. 6 × 561 =
26. 7 × 915 =
27. 5 × 432 =
28. 2 × 520 =
29. 8 × 813 =
30. 9 × 382 =
31. 4 × 972 =
32. 8 × 329 =
33. 6 × 531 =
34. 3 × 994 =
35. 5 × 880 =
36. 2 × 534 =
37. 8 × 623 =
38. 2 × 891 =
39. 9 × 911 =
40. 7 × 678 =

걸린시간 ____분 ____초

점수

확인

3자리×1자리 곱셈 연습문제(9)

공부한 날 월 일

1	625 × 4 =	21	5 × 572 =
2	833 × 9 =	22	9 × 429 =
3	395 × 6 =	23	2 × 831 =
4	497 × 3 =	24	4 × 904 =
5	537 × 5 =	25	3 × 861 =
6	395 × 9 =	26	7 × 527 =
7	928 × 2 =	27	8 × 635 =
8	638 × 7 =	28	4 × 398 =
9	713 × 3 =	29	6 × 811 =
10	320 × 8 =	30	4 × 718 =
11	932 × 6 =	31	7 × 768 =
12	775 × 3 =	32	3 × 278 =
13	974 × 4 =	33	4 × 691 =
14	118 × 9 =	34	6 × 621 =
15	613 × 5 =	35	9 × 459 =
16	449 × 8 =	36	2 × 954 =
17	316 × 7 =	37	8 × 736 =
18	651 × 2 =	38	9 × 321 =
19	532 × 8 =	39	5 × 298 =
20	884 × 5 =	40	6 × 973 =

걸린시간

____분

____초

점수

확인

3자리×1자리 세로 식 답 쓰기(1)

공부한 날 월 일

①	②	③	④	⑤
438 × 5	270 × 3	187 × 7	423 × 6	714 × 4

⑥	⑦	⑧	⑨	⑩
289 × 2	372 × 8	291 × 9	439 × 3	264 × 5

⑪	⑫	⑬	⑭	⑮
295 × 6	427 × 4	308 × 8	412 × 5	225 × 9

⑯	⑰	⑱	⑲	⑳
181 × 3	541 × 2	354 × 7	764 × 6	830 × 4

걸린시간 ____분 ____초

점수

확인

3자리×1자리
세로 식 답 쓰기(2)

공부한 날 월 일

① $\begin{array}{r} 316 \\ \times \quad 7 \\ \hline \end{array}$

② $\begin{array}{r} 816 \\ \times \quad 8 \\ \hline \end{array}$

③ $\begin{array}{r} 728 \\ \times \quad 4 \\ \hline \end{array}$

④ $\begin{array}{r} 282 \\ \times \quad 6 \\ \hline \end{array}$

⑤ $\begin{array}{r} 148 \\ \times \quad 9 \\ \hline \end{array}$

⑥ $\begin{array}{r} 329 \\ \times \quad 2 \\ \hline \end{array}$

⑦ $\begin{array}{r} 922 \\ \times \quad 5 \\ \hline \end{array}$

⑧ $\begin{array}{r} 623 \\ \times \quad 3 \\ \hline \end{array}$

⑨ $\begin{array}{r} 475 \\ \times \quad 7 \\ \hline \end{array}$

⑩ $\begin{array}{r} 561 \\ \times \quad 5 \\ \hline \end{array}$

⑪ $\begin{array}{r} 343 \\ \times \quad 3 \\ \hline \end{array}$

⑫ $\begin{array}{r} 293 \\ \times \quad 9 \\ \hline \end{array}$

⑬ $\begin{array}{r} 365 \\ \times \quad 4 \\ \hline \end{array}$

⑭ $\begin{array}{r} 130 \\ \times \quad 8 \\ \hline \end{array}$

⑮ $\begin{array}{r} 194 \\ \times \quad 7 \\ \hline \end{array}$

⑯ $\begin{array}{r} 517 \\ \times \quad 2 \\ \hline \end{array}$

⑰ $\begin{array}{r} 351 \\ \times \quad 6 \\ \hline \end{array}$

⑱ $\begin{array}{r} 712 \\ \times \quad 5 \\ \hline \end{array}$

⑲ $\begin{array}{r} 619 \\ \times \quad 7 \\ \hline \end{array}$

⑳ $\begin{array}{r} 717 \\ \times \quad 4 \\ \hline \end{array}$

걸린시간

____분

____초

점수

확인

3자리×1자리

세로 식 답 쓰기(3)

공부한 날 월 일

①	②	③	④	⑤
$\begin{array}{r} 294 \\ \times \quad 5 \\ \hline \end{array}$	$\begin{array}{r} 516 \\ \times \quad 3 \\ \hline \end{array}$	$\begin{array}{r} 359 \\ \times \quad 9 \\ \hline \end{array}$	$\begin{array}{r} 823 \\ \times \quad 2 \\ \hline \end{array}$	$\begin{array}{r} 386 \\ \times \quad 4 \\ \hline \end{array}$

⑥	⑦	⑧	⑨	⑩
$\begin{array}{r} 490 \\ \times \quad 9 \\ \hline \end{array}$	$\begin{array}{r} 537 \\ \times \quad 8 \\ \hline \end{array}$	$\begin{array}{r} 333 \\ \times \quad 6 \\ \hline \end{array}$	$\begin{array}{r} 235 \\ \times \quad 7 \\ \hline \end{array}$	$\begin{array}{r} 751 \\ \times \quad 3 \\ \hline \end{array}$

⑪	⑫	⑬	⑭	⑮
$\begin{array}{r} 579 \\ \times \quad 9 \\ \hline \end{array}$	$\begin{array}{r} 348 \\ \times \quad 3 \\ \hline \end{array}$	$\begin{array}{r} 484 \\ \times \quad 5 \\ \hline \end{array}$	$\begin{array}{r} 643 \\ \times \quad 7 \\ \hline \end{array}$	$\begin{array}{r} 836 \\ \times \quad 6 \\ \hline \end{array}$

⑯	⑰	⑱	⑲	⑳
$\begin{array}{r} 389 \\ \times \quad 4 \\ \hline \end{array}$	$\begin{array}{r} 749 \\ \times \quad 8 \\ \hline \end{array}$	$\begin{array}{r} 942 \\ \times \quad 9 \\ \hline \end{array}$	$\begin{array}{r} 412 \\ \times \quad 6 \\ \hline \end{array}$	$\begin{array}{r} 266 \\ \times \quad 2 \\ \hline \end{array}$

걸린시간

____분

____초

점수

확인

3자리×1자리 세로 식 답 쓰기(4)

공부한 날 월 일

①
$$\begin{array}{r} 497 \\ \times \quad 6 \\ \hline \end{array}$$

②
$$\begin{array}{r} 217 \\ \times \quad 4 \\ \hline \end{array}$$

③
$$\begin{array}{r} 623 \\ \times \quad 2 \\ \hline \end{array}$$

④
$$\begin{array}{r} 562 \\ \times \quad 9 \\ \hline \end{array}$$

⑤
$$\begin{array}{r} 160 \\ \times \quad 8 \\ \hline \end{array}$$

⑥
$$\begin{array}{r} 221 \\ \times \quad 3 \\ \hline \end{array}$$

⑦
$$\begin{array}{r} 546 \\ \times \quad 5 \\ \hline \end{array}$$

⑧
$$\begin{array}{r} 625 \\ \times \quad 7 \\ \hline \end{array}$$

⑨
$$\begin{array}{r} 770 \\ \times \quad 6 \\ \hline \end{array}$$

⑩
$$\begin{array}{r} 429 \\ \times \quad 8 \\ \hline \end{array}$$

⑪
$$\begin{array}{r} 372 \\ \times \quad 9 \\ \hline \end{array}$$

⑫
$$\begin{array}{r} 183 \\ \times \quad 4 \\ \hline \end{array}$$

⑬
$$\begin{array}{r} 717 \\ \times \quad 2 \\ \hline \end{array}$$

⑭
$$\begin{array}{r} 681 \\ \times \quad 3 \\ \hline \end{array}$$

⑮
$$\begin{array}{r} 417 \\ \times \quad 7 \\ \hline \end{array}$$

⑯
$$\begin{array}{r} 341 \\ \times \quad 5 \\ \hline \end{array}$$

⑰
$$\begin{array}{r} 515 \\ \times \quad 9 \\ \hline \end{array}$$

⑱
$$\begin{array}{r} 223 \\ \times \quad 8 \\ \hline \end{array}$$

⑲
$$\begin{array}{r} 479 \\ \times \quad 6 \\ \hline \end{array}$$

⑳
$$\begin{array}{r} 516 \\ \times \quad 4 \\ \hline \end{array}$$

걸린시간

____분

____초

점수

확인

매직셈 구구단

해답

곱셈 해답지

2단(2~7)

2쪽
(1) 02,14,34 (2) 10,16,116 (3) 06,08,68 (4) 02,02,22
(5) 04,00,40 (6) 12,02,122 (7) 18,12,192 (8) 08,00,80
(9) 10,04,104 (10) 14,14,154 (11) 08,10,90 (12) 16,00,160
(13) 12,16,136 (14) 10,18,118 (15) 18,10,190 (16) 12,00,120
(17) 08,16,96 (18) 14,10,150 (19) 12,06,126 (20) 06,12,72
(21) 12,04,124 (22) 10,02,102 (23) 02,06,26 (24) 16,16,176
(25) 10,08,108 (26) 14,12,152 (27) 18,18,198 (28) 16,14,174
(29) 08,12,92 (30) 06,14,74 (31) 04,06,46 (32) 02,18,38
(33) 16,02,162 (34) 04,10,50 (35) 06,18,78 (36) 10,06,106
(37) 18,16,196 (38) 12,08,128 (39) 06,00,60 (40) 04,02,42

3쪽
(1) 18,08,188 (2) 14,18,158 (3) 18,06,186 (4) 10,10,110
(5) 02,04,24 (6) 04,14,54 (7) 12,10,130 (8) 08,18,98
(9) 16,12,172 (10) 12,04,124 (11) 14,02,142 (12) 12,00,120
(13) 02,12,32 (14) 06,08,68 (15) 16,18,178 (16) 02,02,22
(17) 10,12,112 (18) 14,00,140 (19) 10,00,100 (20) 06,10,70
(21) 02,18,38 (22) 14,06,146 (23) 06,16,76 (24) 02,08,28
(25) 18,02,182 (26) 06,12,72 (27) 14,04,144 (28) 12,08,128
(29) 10,16,116 (30) 08,04,84 (31) 12,14,134 (32) 18,10,190
(33) 14,16,156 (34) 18,00,180 (35) 16,08,168 (36) 06,04,64
(37) 14,08,148 (38) 04,12,52 (39) 02,16,36 (40) 12,18,138

4쪽
(1) 38 (2) 96 (3) 168 (4) 102 (5) 56 (6) 136 (7) 188
(8) 70 (9) 112 (10) 144 (11) 90 (12) 178 (13) 124 (14) 116
(15) 182 (16) 94 (17) 58 (18) 78 (19) 24 (20) 150 (21) 134
(22) 118 (23) 34 (24) 166 (25) 110 (26) 148 (27) 192 (28) 42
(29) 84 (30) 74 (31) 54 (32) 32 (33) 170 (34) 98 (35) 62
(36) 106 (37) 196 (38) 128 (39) 140 (40) 76

5쪽
(1) 194 (2) 154 (3) 72 (4) 108 (5) 176 (6) 58 (7) 130
(8) 98 (9) 160 (10) 124 (11) 146 (12) 134 (13) 28 (14) 68
(15) 46 (16) 188 (17) 112 (18) 48 (19) 174 (20) 92 (21) 22
(22) 152 (23) 76 (24) 60 (25) 198 (26) 168 (27) 82 (28) 128
(29) 116 (30) 94 (31) 122 (32) 184 (33) 30 (34) 164 (35) 102
(36) 64 (37) 158 (38) 44 (39) 36 (40) 172

6쪽
(1) 76 (2) 140 (3) 34 (4) 86 (5) 148 (6) 58 (7) 64
(8) 172 (9) 98 (10) 48 (11) 190 (12) 94 (13) 80 (14) 24
(15) 50 (16) 166 (17) 82 (18) 108 (19) 150 (20) 60 (21) 90
(22) 160 (23) 136 (24) 118 (25) 192 (26) 120 (27) 44 (28) 154
(29) 126 (30) 72

7쪽
(1) 2 (2) 4 (3) 1 (4) 9 (5) 7 (6) 1 (7) 0 (8) 4
(9) 3 (10) 4 (11) 6 (12) 7 (13) 3 (14) 3 (15) 5 (16) 9
(17) 8 (18) 3 (19) 3 (20) 6 (21) 8 (22) 5 (23) 7 (24) 4
(25) 9 (26) 6 (27) 1 (28) 5 (29) 9 (30) 6

3단(8~13)

8쪽
(1) 09,27,117 (2) 18,24,204 (3) 12,18,138 (4) 03,24,54
(5) 18,03,183 (6) 15,09,159 (7) 21,15,225 (8) 12,00,120
(9) 06,15,75 (10) 09,21,111 (11) 24,00,240 (12) 27,00,270
(13) 24,03,243 (14) 06,27,87 (15) 21,09,219 (16) 12,21,141
(17) 03,06,36 (18) 21,21,231 (19) 09,06,96 (20) 12,18,138
(21) 15,21,171 (22) 24,09,249 (23) 15,24,174 (24) 18,15,195
(25) 15,06,156 (26) 06,09,69 (27) 12,06,126 (28) 09,12,102
(29) 24,18,258 (30) 12,00,120 (31) 06,21,81 (32) 21,12,222
(33) 12,03,123 (34) 09,24,114 (35) 09,00,90 (36) 21,24,234
(37) 18,18,198 (38) 27,12,282 (39) 24,27,267 (40) 03,21,51

9쪽
(1) 24,21,261 (2) 21,03,213 (3) 15,09,159 (4) 27,21,291
(5) 09,18,108 (6) 06,24,84 (7) 27,15,285 (8) 21,18,228
(9) 12,24,144 (10) 09,09,99 (11) 18,12,192 (12) 12,27,147
(13) 24,12,252 (14) 06,12,72 (15) 03,27,57 (16) 12,03,123
(17) 27,18,288 (18) 18,21,201 (19) 21,06,216 (20) 15,12,162
(21) 15,15,165 (22) 18,09,189 (23) 03,09,39 (24) 15,27,177
(25) 03,03,33 (26) 27,09,279 (27) 15,18,168 (28) 24,06,246
(29) 09,12,102 (30) 24,24,264 (31) 21,27,237 (32) 24,15,255
(33) 18,27,207 (34) 03,18,48 (35) 27,24,294 (36) 15,00,150
(37) 27,06,276 (38) 06,18,78 (39) 12,06,126 (40) 15,03,153

10쪽
(1) 117 (2) 132 (3) 192 (4) 54 (5) 264 (6) 129 (7) 225
(8) 273 (9) 75 (10) 246 (11) 201 (12) 279 (13) 204 (14) 87
(15) 219 (16) 141 (17) 45 (18) 177 (19) 96 (20) 81 (21) 168
(22) 252 (23) 228 (24) 195 (25) 57 (26) 69 (27) 126 (28) 102
(29) 288 (30) 258 (31) 63 (32) 237 (33) 171 (34) 147 (35) 105
(36) 249 (37) 198 (38) 291 (39) 108 (40) 51

11쪽
(1) 153 (2) 231 (3) 114 (4) 276 (5) 108 (6) 84 (7) 48
(8) 222 (9) 144 (10) 75 (11) 282 (12) 147 (13) 156 (14) 72
(15) 42 (16) 186 (17) 255 (18) 243 (19) 111 (20) 162 (21) 174
(22) 189 (23) 39 (24) 63 (25) 138 (26) 96 (27) 234 (28) 285
(29) 294 (30) 135 (31) 216 (32) 105 (33) 207 (34) 33 (35) 261
(36) 150 (37) 279 (38) 78 (39) 126 (40) 159

12쪽
(1) 282 (2) 168 (3) 177 (4) 261 (5) 258 (6) 291 (7) 81
(8) 189 (9) 186 (10) 180 (11) 270 (12) 111 (13) 75 (14) 99
(15) 153 (16) 63 (17) 138 (18) 195 (19) 210 (20) 87 (21) 237
(22) 114 (23) 252 (24) 129 (25) 108 (26) 216 (27) 249 (28) 231
(29) 204 (30) 51

13쪽
(1) 6 (2) 8 (3) 7 (4) 2 (5) 3 (6) 4 (7) 9 (8) 2
(9) 3 (10) 5 (11) 2 (12) 4 (13) 8 (14) 7 (15) 5 (16) 8
(17) 2 (18) 9 (19) 7 (20) 4 (21) 6 (22) 5 (23) 4 (24) 3
(25) 9 (26) 7 (27) 7 (28) 4 (29) 6 (30) 6

4단(14~19)

14쪽
(1) 08,28,108 (2) 28,24,304 (3) 32,00,320 (4) 16,20,180
(5) 24,24,264 (6) 08,12,92 (7) 36,28,388 (8) 20,08,208
(9) 12,24,144 (10) 04,20,60 (11) 36,04,364 (12) 20,24,224
(13) 36,16,376 (14) 28,28,308 (15) 08,04,84 (16) 16,32,192
(17) 28,12,292 (18) 36,00,360 (19) 20,16,216 (20) 12,00,120
(21) 04,28,68 (22) 28,16,296 (23) 20,36,236 (24) 12,12,132
(25) 16,24,184 (26) 32,04,324 (27) 08,24,104 (28) 20,32,232
(29) 12,28,148 (30) 24,16,256 (31) 08,08,88 (32) 04,24,64
(33) 12,36,156 (34) 32,08,328 (35) 16,12,172 (36) 24,00,240
(37) 04,08,48 (38) 16,36,196 (39) 36,24,384 (40) 20,12,212

15쪽
(1) 32,28,348 (2) 24,28,268 (3) 24,08,248 (4) 36,36,396
(5) 16,04,164 (6) 20,04,204 (7) 16,16,176 (8) 32,20,340
(9) 16,28,188 (10) 12,08,128 (11) 24,20,260 (12) 04,32,72
(13) 36,20,380 (14) 08,20,100 (15) 36,12,372 (16) 12,20,140
(17) 08,32,112 (18) 28,32,312 (19) 32,36,356 (20) 08,00,80
(21) 24,04,244 (22) 36,08,368 (23) 20,28,228 (24) 32,24,344
(25) 32,32,352 (26) 24,32,272 (27) 16,08,168 (28) 28,20,300
(29) 32,12,332 (30) 04,12,52 (31) 28,08,288 (32) 08,36,116
(33) 12,04,124 (34) 24,36,276 (35) 12,32,152 (36) 04,16,56

곱셈 해답지

㊲ 24,12,252 ㊳ 08,16,96 ㊴ 36,32,392 ㊵ 20,20,220

16쪽
① 108 ② 304 ③ 320 ④ 180 ⑤ 128 ⑥ 252 ⑦ 388
⑧ 84 ⑨ 144 ⑩ 60 ⑪ 384 ⑫ 232 ⑬ 188 ⑭ 316
⑮ 100 ⑯ 76 ⑰ 136 ⑱ 260 ⑲ 328 ⑳ 216 ㉑ 72
㉒ 300 ㉓ 212 ㉔ 132 ㉕ 184 ㉖ 324 ㉗ 96 ㉘ 256
㉙ 392 ㉚ 104 ㉛ 348 ㉜ 64 ㉝ 284 ㉞ 332 ㉟ 192
㊱ 264 ㊲ 68 ㊳ 296 ㊴ 380 ㊵ 48

17쪽
① 352 ② 196 ③ 248 ④ 228 ⑤ 372 ⑥ 204 ⑦ 176
⑧ 396 ⑨ 340 ⑩ 312 ⑪ 224 ⑫ 56 ⑬ 236 ⑭ 272
⑮ 148 ⑯ 364 ⑰ 112 ⑱ 276 ⑲ 292 ⑳ 80 ㉑ 336
㉒ 368 ㉓ 88 ㉔ 344 ㉕ 156 ㉖ 308 ㉗ 168 ㉘ 220
㉙ 140 ㉚ 244 ㉛ 288 ㉜ 172 ㉝ 124 ㉞ 376 ㉟ 268
㊱ 116 ㊲ 208 ㊳ 356 ㊴ 44 ㊵ 152

18쪽
① 60 ② 156 ③ 96 ④ 296 ⑤ 268 ⑥ 108 ⑦ 368
⑧ 180 ⑨ 352 ⑩ 216 ⑪ 336 ⑫ 252 ⑬ 152 ⑭ 292
⑮ 168 ⑯ 136 ⑰ 64 ⑱ 188 ⑲ 236 ⑳ 380 ㉑ 164
㉒ 228 ㉓ 124 ㉔ 116 ㉕ 308 ㉖ 328 ㉗ 260 ㉘ 140
㉙ 388 ㉚ 72

19쪽
① 6 ② 3 ③ 7 ④ 8 ⑤ 6 ⑥ 5 ⑦ 4 ⑧ 6
⑨ 9 ⑩ 3 ⑪ 6 ⑫ 3 ⑬ 7 ⑭ 1 ⑮ 8 ⑯ 3
⑰ 9 ⑱ 9 ⑲ 7 ⑳ 8 ㉑ 5 ㉒ 2 ㉓ 9 ㉔ 6
㉕ 2 ㉖ 4 ㉗ 3 ㉘ 4 ㉙ 8 ㉚ 5

5단(20~25)

20쪽
① 20,20,220 ② 15,10,160 ③ 25,00,250 ④ 15,30,180
⑤ 25,30,280 ⑥ 40,30,430 ⑦ 05,20,70 ⑧ 15,25,175
⑨ 20,15,215 ⑩ 10,40,140 ⑪ 40,20,420 ⑫ 35,45,395
⑬ 10,25,125 ⑭ 20,45,245 ⑮ 30,25,325 ⑯ 35,20,370
⑰ 30,20,320 ⑱ 25,10,260 ⑲ 35,05,355 ⑳ 45,20,470
㉑ 25,35,285 ㉒ 35,35,385 ㉓ 20,30,230 ㉔ 35,10,360
㉕ 30,05,305 ㉖ 40,00,400 ㉗ 45,15,465 ㉘ 10,10,110
㉙ 20,05,205 ㉚ 30,00,300 ㉛ 15,40,190 ㉜ 40,05,405
㉝ 05,45,95 ㉞ 05,05,55 ㉟ 35,15,365 ㊱ 40,15,415
㊲ 20,35,235 ㊳ 05,10,60 ㊴ 25,45,295 ㊵ 45,30,480

21쪽
① 10,30,130 ② 25,25,275 ③ 45,45,495 ④ 30,15,315
⑤ 45,35,485 ⑥ 10,20,120 ⑦ 40,40,440 ⑧ 25,15,265
⑨ 15,05,155 ⑩ 05,25,75 ⑪ 15,20,170 ⑫ 35,00,350
⑬ 45,00,450 ⑭ 20,40,240 ⑮ 10,45,145 ⑯ 30,40,340
⑰ 40,10,410 ⑱ 40,25,425 ⑲ 05,35,85 ⑳ 20,10,210
㉑ 15,45,195 ㉒ 10,35,135 ㉓ 05,40,90 ㉔ 30,35,335
㉕ 45,25,475 ㉖ 45,10,460 ㉗ 10,20,120 ㉘ 25,40,290
㉙ 30,30,330 ㉚ 20,25,225 ㉛ 45,40,490 ㉜ 05,30,80
㉝ 15,15,165 ㉞ 40,35,435 ㉟ 30,45,345 ㊱ 15,00,150
㊲ 35,30,380 ㊳ 10,15,115 ㊴ 40,45,445 ㊵ 20,00,200

22쪽
① 220 ② 310 ③ 270 ④ 70 ⑤ 395 ⑥ 430 ⑦ 465
⑧ 175 ⑨ 215 ⑩ 445 ⑪ 170 ⑫ 345 ⑬ 230 ⑭ 95
⑮ 275 ⑯ 385 ⑰ 420 ⑱ 135 ⑲ 120 ⑳ 470 ㉑ 285
㉒ 450 ㉓ 130 ㉔ 335 ㉕ 375 ㉖ 405 ㉗ 80 ㉘ 195
㉙ 205 ㉚ 320 ㉛ 190 ㉜ 410 ㉝ 90 ㉞ 325 ㉟ 360
㊱ 145 ㊲ 235 ㊳ 260 ㊴ 475 ㊵ 185

23쪽
① 110 ② 340 ③ 455 ④ 265 ⑤ 390 ⑥ 245 ⑦ 415
⑧ 155 ⑨ 330 ⑩ 485 ⑪ 165 ⑫ 365 ⑬ 480 ⑭ 435
⑮ 60 ⑯ 305 ⑰ 85 ⑱ 240 ⑲ 280 ⑳ 140 ㉑ 460
㉒ 125 ㉓ 210 ㉔ 180 ㉕ 65 ㉖ 295 ㉗ 105 ㉘ 370
㉙ 315 ㉚ 55 ㉛ 490 ㉜ 350 ㉝ 160 ㉞ 75 ㉟ 225
㊱ 290 ㊲ 355 ㊳ 115 ㊴ 425 ㊵ 255

24쪽
① 260 ② 185 ③ 340 ④ 190 ⑤ 405 ⑥ 130 ⑦ 225
⑧ 315 ⑨ 230 ⑩ 305 ⑪ 445 ⑫ 160 ⑬ 220 ⑭ 295
⑮ 330 ⑯ 280 ⑰ 210 ⑱ 480 ⑲ 140 ⑳ 310 ㉑ 370
㉒ 200 ㉓ 380 ㉔ 270 ㉕ 90 ㉖ 345 ㉗ 415 ㉘ 120
㉙ 425 ㉚ 490

25쪽
① 4 ② 6 ③ 7 ④ 1 ⑤ 3 ⑥ 9 ⑦ 6 ⑧ 4
⑨ 3 ⑩ 8 ⑪ 7 ⑫ 6 ⑬ 2 ⑭ 3 ⑮ 7 ⑯ 2
⑰ 3 ⑱ 4 ⑲ 8 ⑳ 9 ㉑ 7 ㉒ 8 ㉓ 9 ㉔ 5
㉕ 4 ㉖ 3 ㉗ 4 ㉘ 7 ㉙ 6 ㉚ 4

6단(26~31)

26쪽
① 24,12,252 ② 30,06,306 ③ 48,00,480 ④ 24,06,246
⑤ 42,12,432 ⑥ 48,06,486 ⑦ 06,24,84 ⑧ 54,18,558
⑨ 24,30,270 ⑩ 36,24,384 ⑪ 18,18,198 ⑫ 48,42,522
⑬ 06,48,108 ⑭ 30,24,324 ⑮ 36,30,390 ⑯ 18,12,192
⑰ 30,36,336 ⑱ 18,48,228 ⑲ 48,30,510 ⑳ 24,00,240
㉑ 18,42,222 ㉒ 30,30,330 ㉓ 06,30,90 ㉔ 42,54,474
㉕ 06,12,72 ㉖ 42,36,456 ㉗ 54,36,576 ㉘ 12,18,138
㉙ 42,42,462 ㉚ 18,36,216 ㉛ 12,48,168 ㉜ 36,54,414
㉝ 54,42,582 ㉞ 24,24,264 ㉟ 54,06,546 ㊱ 36,18,378
㊲ 48,54,534 ㊳ 36,06,366 ㊴ 12,12,132 ㊵ 42,18,438

27쪽
① 54,30,570 ② 24,36,276 ③ 30,48,348 ④ 12,24,144
⑤ 24,42,282 ⑥ 12,42,162 ⑦ 48,36,516 ⑧ 06,54,114
⑨ 54,00,540 ⑩ 18,30,210 ⑪ 06,36,96 ⑫ 42,24,444
⑬ 48,12,492 ⑭ 30,18,318 ⑮ 12,36,156 ⑯ 24,54,294
⑰ 12,00,120 ⑱ 36,48,408 ⑲ 18,06,186 ⑳ 30,54,354
㉑ 42,00,420 ㉒ 36,00,360 ㉓ 48,48,528 ㉔ 18,24,204
㉕ 36,42,402 ㉖ 54,24,564 ㉗ 24,18,258 ㉘ 30,42,342
㉙ 06,18,78 ㉚ 48,18,498 ㉛ 54,12,552 ㉜ 24,48,288
㉝ 18,54,234 ㉞ 12,06,126 ㉟ 36,12,372 ㊱ 54,48,588
㊲ 12,54,174 ㊳ 06,42,102 ㊴ 30,12,312 ㊵ 42,48,468

28쪽
① 252 ② 306 ③ 498 ④ 192 ⑤ 432 ⑥ 384 ⑦ 84
⑧ 588 ⑨ 144 ⑩ 408 ⑪ 114 ⑫ 474 ⑬ 366 ⑭ 222
⑮ 342 ⑯ 156 ⑰ 330 ⑱ 570 ⑲ 486 ⑳ 462 ㉑ 276
㉒ 378 ㉓ 102 ㉔ 450 ㉕ 516 ㉖ 318 ㉗ 552 ㉘ 132
㉙ 270 ㉚ 216 ㉛ 168 ㉜ 396 ㉝ 558 ㉞ 234 ㉟ 78
㊱ 414 ㊲ 522 ㊳ 354 ㊴ 288 ㊵ 438

29쪽
① 546 ② 204 ③ 312 ④ 174 ⑤ 444 ⑥ 492 ⑦ 372
⑧ 96 ⑨ 264 ⑩ 228 ⑪ 108 ⑫ 162 ⑬ 576 ⑭ 210
⑮ 402 ⑯ 282 ⑰ 504 ⑱ 456 ⑲ 126 ⑳ 324 ㉑ 426
㉒ 390 ㉓ 186 ㉔ 138 ㉕ 90 ㉖ 258 ㉗ 336 ㉘ 198
㉙ 564 ㉚ 510 ㉛ 348 ㉜ 294 ㉝ 534 ㉞ 150 ㉟ 468
㊱ 582 ㊲ 528 ㊳ 72 ㊴ 360 ㊵ 246

30쪽
① 120 ② 432 ③ 366 ④ 150 ⑤ 216 ⑥ 66 ⑦ 234
⑧ 252 ⑨ 408 ⑩ 246 ⑪ 492 ⑫ 174 ⑬ 360 ⑭ 438
⑮ 198 ⑯ 84 ⑰ 270 ⑱ 576 ⑲ 564 ⑳ 378 ㉑ 258
㉒ 450 ㉓ 486 ㉔ 282 ㉕ 336 ㉖ 312 ㉗ 522 ㉘ 138
㉙ 186 ㉚ 204

31쪽
① 4 ② 6 ③ 8 ④ 6 ⑤ 5 ⑥ 8 ⑦ 5 ⑧ 1
⑨ 7 ⑩ 9 ⑪ 7 ⑫ 7 ⑬ 5 ⑭ 8 ⑮ 9 ⑯ 3
⑰ 4 ⑱ 5 ⑲ 2 ⑳ 8 ㉑ 4 ㉒ 3 ㉓ 9 ㉔ 9
㉕ 4 ㉖ 6 ㉗ 8 ㉘ 4 ㉙ 2 ㉚ 8

곱셉 해답지

7단(32~37)

32쪽
① 56,42,602 ② 28,56,336 ③ 28,07,287 ④ 63,21,651
⑤ 42,35,455 ⑥ 56,07,567 ⑦ 28,42,322 ⑧ 21,56,266
⑨ 49,35,525 ⑩ 21,28,238 ⑪ 49,21,511 ⑫ 56,21,581
⑬ 35,56,406 ⑭ 07,63,133 ⑮ 49,56,476 ⑯ 35,00,350
⑰ 07,49,119 ⑱ 28,28,308 ⑲ 14,07,147 ⑳ 49,49,539
㉑ 49,42,532 ㉒ 42,00,420 ㉓ 14,49,189 ㉔ 28,35,315
㉕ 07,07,77 ㉖ 49,28,518 ㉗ 21,49,259 ㉘ 42,49,469
㉙ 35,42,392 ㉚ 63,07,637 ㉛ 14,56,196 ㉜ 21,35,245
㉝ 42,28,448 ㉞ 35,49,399 ㉟ 14,63,203 ㊱ 63,56,686
㊲ 14,00,140 ㊳ 56,35,595 ㊴ 49,63,553 ㊵ 14,35,175

33쪽
① 35,14,364 ② 28,36,316 ③ 63,35,665 ④ 07,56,126
⑤ 28,21,301 ⑥ 07,28,98 ⑦ 14,42,182 ⑧ 56,63,623
⑨ 07,21,91 ⑩ 42,14,434 ⑪ 35,63,413 ⑫ 28,49,329
⑬ 56,14,574 ⑭ 14,28,168 ⑮ 21,63,273 ⑯ 35,28,378
⑰ 07,42,112 ⑱ 49,14,504 ⑲ 63,49,679 ⑳ 21,21,231
㉑ 49,07,497 ㉒ 21,00,210 ㉓ 28,14,294 ㉔ 21,42,252
㉕ 49,56,546 ㉖ 63,14,644 ㉗ 35,21,371 ㉘ 42,42,462
㉙ 07,14,84 ㉚ 56,28,588 ㉛ 21,14,224 ㉜ 63,42,672
㉝ 56,49,609 ㉞ 35,07,357 ㉟ 14,14,154 ㊱ 56,56,616
㊲ 42,21,441 ㊳ 63,28,658 ㊴ 14,21,161 ㊵ 42,07,427

34쪽
① 602 ② 168 ③ 154 ④ 651 ⑤ 455 ⑥ 322 ⑦ 371
⑧ 266 ⑨ 525 ⑩ 623 ⑪ 546 ⑫ 595 ⑬ 112 ⑭ 91
⑮ 252 ⑯ 427 ⑰ 672 ⑱ 343 ⑲ 196 ⑳ 511 ㉑ 504
㉒ 441 ㉓ 182 ㉔ 329 ㉕ 126 ㉖ 581 ㉗ 224 ㉘ 278
㉙ 308 ㉚ 637 ㉛ 175 ㉜ 616 ㉝ 413 ㉞ 469 ㉟ 238
㊱ 644 ㊲ 287 ㊳ 574 ㊴ 518 ㊵ 133

35쪽
① 357 ② 273 ③ 161 ④ 385 ⑤ 686 ⑥ 84 ⑦ 497
⑧ 280 ⑨ 315 ⑩ 483 ⑪ 567 ⑫ 392 ⑬ 553 ⑭ 231
⑮ 294 ⑯ 203 ⑰ 98 ⑱ 259 ⑲ 658 ⑳ 476 ㉑ 539
㉒ 245 ㉓ 147 ㉔ 588 ㉕ 434 ㉖ 301 ㉗ 462 ㉘ 665
㉙ 105 ㉚ 406 ㉛ 364 ㉜ 679 ㉝ 448 ㉞ 336 ㉟ 189
㊱ 532 ㊲ 77 ㊳ 119 ㊴ 693 ㊵ 609

36쪽
① 420 ② 105 ③ 651 ④ 168 ⑤ 224 ⑥ 371 ⑦ 147
⑧ 679 ⑨ 322 ⑩ 469 ⑪ 84 ⑫ 553 ⑬ 266 ⑭ 455
⑮ 525 ⑯ 504 ⑰ 602 ⑱ 203 ⑲ 294 ⑳ 399 ㉑ 245
㉒ 308 ㉓ 665 ㉔ 546 ㉕ 658 ㉖ 385 ㉗ 189 ㉘ 406
㉙ 175 ㉚ 574

37쪽
① 3 ② 4 ③ 6 ④ 1 ⑤ 2 ⑥ 4 ⑦ 2 ⑧ 3
⑨ 8 ⑩ 7 ⑪ 8 ⑫ 3 ⑬ 3 ⑭ 8 ⑮ 6 ⑯ 5
⑰ 6 ⑱ 9 ⑲ 7 ⑳ 4 ㉑ 9 ㉒ 2 ㉓ 8 ㉔ 9
㉕ 5 ㉖ 6 ㉗ 7 ㉘ 3 ㉙ 9 ㉚ 2

8단(38~43)

38쪽
① 48,08,488 ② 08,48,128 ③ 40,08,408 ④ 56,48,608
⑤ 08,08,88 ⑥ 64,24,664 ⑦ 16,64,224 ⑧ 32,48,368
⑨ 72,56,776 ⑩ 16,08,168 ⑪ 08,64,144 ⑫ 32,32,352
⑬ 64,40,680 ⑭ 40,16,416 ⑮ 64,08,648 ⑯ 24,56,296
⑰ 40,40,440 ⑱ 48,32,512 ⑲ 24,40,280 ⑳ 56,32,592
㉑ 08,56,136 ㉒ 16,40,200 ㉓ 16,56,216 ㉔ 08,32,112
㉕ 40,64,464 ㉖ 24,48,288 ㉗ 32,56,376 ㉘ 72,72,792
㉙ 32,40,360 ㉚ 24,08,248 ㉛ 48,64,544 ㉜ 64,48,688
㉝ 56,08,568 ㉞ 48,56,536 ㉟ 32,24,344 ㊱ 64,72,712
㊲ 24,72,312 ㊳ 40,48,448 ㊴ 64,00,640 ㊵ 72,32,752

39쪽
① 48,16,496 ② 56,00,560 ③ 16,32,192 ④ 56,40,600
⑤ 40,00,400 ⑥ 16,72,232 ⑦ 72,00,720 ⑧ 24,16,256
⑨ 16,48,208 ⑩ 72,24,744 ⑪ 08,16,96 ⑫ 64,64,704
⑬ 72,48,768 ⑭ 48,24,504 ⑮ 56,16,576 ⑯ 40,56,456
⑰ 64,32,672 ⑱ 40,24,424 ⑲ 24,64,304 ⑳ 40,32,432
㉑ 08,24,104 ㉒ 72,40,760 ㉓ 48,48,528 ㉔ 32,64,384
㉕ 72,08,728 ㉖ 32,08,328 ㉗ 16,24,184 ㉘ 56,56,616
㉙ 72,64,784 ㉚ 08,40,120 ㉛ 16,00,160 ㉜ 56,24,584
㉝ 08,72,152 ㉞ 48,40,520 ㉟ 48,00,480 ㊱ 64,16,656
㊲ 40,72,472 ㊳ 24,32,272 ㊴ 64,56,696 ㊵ 32,72,392

40쪽
① 488 ② 128 ③ 224 ④ 552 ⑤ 680 ⑥ 344 ⑦ 408
⑧ 608 ⑨ 776 ⑩ 272 ⑪ 464 ⑫ 392 ⑬ 760 ⑭ 96
⑮ 624 ⑯ 248 ⑰ 168 ⑱ 696 ⑲ 88 ⑳ 544 ㉑ 152
㉒ 184 ㉓ 576 ㉔ 376 ㉕ 448 ㉖ 304 ㉗ 672 ㉘ 736
㉙ 504 ㉚ 312 ㉛ 520 ㉜ 328 ㉝ 600 ㉞ 144 ㉟ 656
㊱ 208 ㊲ 264 ㊳ 432 ㊴ 216 ㊵ 744

41쪽
① 496 ② 568 ③ 232 ④ 560 ⑤ 472 ⑥ 360 ⑦ 792
⑧ 288 ⑨ 120 ⑩ 664 ⑪ 616 ⑫ 688 ⑬ 784 ⑭ 512
⑮ 632 ⑯ 112 ⑰ 280 ⑱ 192 ⑲ 368 ⑳ 712 ㉑ 104
㉒ 752 ㉓ 536 ㉔ 336 ㉕ 424 ㉖ 200 ㉗ 728 ㉘ 584
㉙ 256 ㉚ 176 ㉛ 648 ㉜ 416 ㉝ 296 ㉞ 528 ㉟ 136
㊱ 592 ㊲ 768 ㊳ 320 ㊴ 456 ㊵ 384

42쪽
① 608 ② 352 ③ 424 ④ 200 ⑤ 248 ⑥ 440 ⑦ 512
⑧ 760 ⑨ 88 ⑩ 576 ⑪ 720 ⑫ 392 ⑬ 600 ⑭ 224
⑮ 96 ⑯ 144 ⑰ 312 ⑱ 464 ⑲ 504 ⑳ 376 ㉑ 744
㉒ 104 ㉓ 168 ㉔ 488 ㉕ 696 ㉖ 496 ㉗ 456 ㉘ 136
㉙ 320 ㉚ 736

43쪽
① 5 ② 6 ③ 8 ④ 4 ⑤ 6 ⑥ 4 ⑦ 9 ⑧ 3
⑨ 8 ⑩ 1 ⑪ 3 ⑫ 4 ⑬ 6 ⑭ 7 ⑮ 9 ⑯ 6
⑰ 3 ⑱ 6 ⑲ 5 ⑳ 4 ㉑ 9 ㉒ 1 ㉓ 4 ㉔ 7
㉕ 2 ㉖ 2 ㉗ 8 ㉘ 7 ㉙ 3 ㉚ 6

9단(44~49)

44쪽
① 72,54,774 ② 81,18,828 ③ 63,09,639 ④ 27,45,315
⑤ 45,63,513 ⑥ 09,36,126 ⑦ 27,81,351 ⑧ 18,18,198
⑨ 54,36,576 ⑩ 72,27,747 ⑪ 54,18,558 ⑫ 18,27,207
⑬ 45,54,504 ⑭ 36,63,423 ⑮ 09,81,171 ⑯ 54,45,585
⑰ 36,27,387 ⑱ 63,27,657 ⑲ 81,36,846 ⑳ 27,18,288
㉑ 27,36,306 ㉒ 18,36,216 ㉓ 09,54,144 ㉔ 81,45,855
㉕ 18,72,252 ㉖ 63,81,711 ㉗ 81,54,864 ㉘ 36,18,378
㉙ 45,81,531 ㉚ 81,72,882 ㉛ 36,45,405 ㉜ 45,18,468
㉝ 36,81,441 ㉞ 18,09,189 ㉟ 45,36,486 ㊱ 09,27,117
㊲ 27,72,342 ㊳ 18,81,261 ㊴ 63,45,675 ㊵ 72,18,738

45쪽
① 72,63,783 ② 45,27,477 ③ 63,18,648 ④ 09,72,162
⑤ 18,54,234 ⑥ 27,27,297 ⑦ 72,81,801 ⑧ 45,72,522
⑨ 72,45,762 ⑩ 54,27,567 ⑪ 36,09,369 ⑫ 63,63,693
⑬ 54,81,621 ⑭ 36,72,432 ⑮ 81,09,819 ⑯ 63,72,702
⑰ 18,45,225 ⑱ 54,54,594 ⑲ 27,63,333 ⑳ 09,18,108
㉑ 36,54,414 ㉒ 09,63,153 ㉓ 54,72,612 ㉔ 18,63,243
㉕ 63,00,630 ㉖ 09,45,135 ㉗ 72,36,756 ㉘ 45,09,459
㉙ 81,63,873 ㉚ 27,54,324 ㉛ 54,09,549 ㉜ 63,36,666
㉝ 81,81,891 ㉞ 36,36,396 ㉟ 45,45,495 ㊱ 54,63,603
㊲ 72,72,792 ㊳ 81,27,837 ㊴ 63,54,684 ㊵ 27,09,279

곱셈 해답지

46쪽
1) 774 2) 567 3) 693 4) 315 5) 513 6) 171 7) 423
8) 198 9) 819 10) 261 11) 558 12) 225 13) 639 14) 405
15) 126 16) 477 17) 342 18) 765 19) 864 20) 396 21) 297
22) 234 23) 153 24) 855 25) 378 26) 711 27) 594 28) 747
29) 531 30) 810 31) 387 32) 459 33) 675 34) 252 35) 576
36) 288 37) 144 38) 837 39) 450 40) 729

47쪽
1) 738 2) 216 3) 657 4) 108 5) 414 6) 351 7) 828
8) 504 9) 540 10) 585 11) 432 12) 306 13) 621 14) 207
15) 486 16) 648 17) 873 18) 801 19) 333 20) 117 21) 243
22) 162 23) 279 24) 135 25) 702 26) 369 27) 756 28) 468
29) 603 30) 846 31) 189 32) 666 33) 882 34) 441 35) 522
36) 549 37) 783 38) 99 39) 630 40) 324

48쪽
1) 306 2) 261 3) 387 4) 126 5) 495 6) 738 7) 657
8) 729 9) 414 10) 810 11) 432 12) 864 13) 693 14) 216
15) 792 16) 324 17) 153 18) 882 19) 477 20) 783 21) 378
22) 774 23) 234 24) 315 25) 576 26) 612 27) 711 28) 279
29) 441 30) 180

49쪽
1) 7 2) 4 3) 6 4) 3 5) 5 6) 9 7) 1 8) 8
9) 4 10) 1 11) 4 12) 0 13) 6 14) 2 15) 8 16) 2
17) 3 18) 5 19) 8 20) 7 21) 5 22) 5 23) 5 24) 9
25) 7 26) 6 27) 8 28) 7 29) 3 30) 9

종합연습문제

50쪽
1) 205 2) 672 3) 232 4) 36 5) 168 6) 765 7) 102
8) 354 9) 268 10) 584 11) 110 12) 304 13) 324 14) 192
15) 245 16) 48 17) 189 18) 162 19) 651 20) 522 21) 243
22) 235 23) 98 24) 192 25) 225 26) 512 27) 142 28) 232
29) 582 30) 276 31) 2 32) 7 33) 2 34) 4 35) 5
36) 8 37) 6 38) 3 39) 3 40) 6

51쪽
1) 182 2) 86 3) 462 4) 260 5) 455 6) 464 7) 51
8) 315 9) 492 10) 195 11) 396 12) 340 13) 184 14) 153
15) 296 16) 90 17) 76 18) 752 19) 574 20) 480 21) 258
22) 153 23) 370 24) 130 25) 140 26) 392 27) 66 28) 534
29) 728 30) 56 31) 7 32) 9 33) 2 34) 4 35) 5
36) 7 37) 6 38) 1 39) 3 40) 9

52쪽
1) 108 2) 312 3) 308 4) 267 5) 225 6) 552 7) 470
8) 217 9) 104 10) 384 11) 249 12) 368 13) 427 14) 261
15) 180 16) 456 17) 24 18) 225 19) 276 20) 348 21) 216
22) 279 23) 152 24) 133 25) 222 26) 212 27) 112 28) 315
29) 595 30) 204 31) 3 32) 0 33) 7 34) 4 35) 0
36) 7 37) 4 38) 1 39) 8 40) 6

53쪽
1) 720 2) 144 3) 504 4) 224 5) 117 6) 315 7) 539
8) 46 9) 132 10) 183 11) 490 12) 441 13) 146 14) 171
15) 156 16) 300 17) 208 18) 141 19) 560 20) 396 21) 282
22) 150 23) 385 24) 252 25) 248 26) 312 27) 150 28) 50
29) 441 30) 152 31) 9 32) 4 33) 4 34) 0 35) 8
36) 5 37) 6 38) 7 39) 9 40) 2

3자리×1자리 곱셈

54쪽
1) 1902 2) 516 3) 1820 4) 393 5) 1809 6) 2764
7) 6412 8) 1440 9) 4336 10) 1542 11) 725 12) 840
13) 2576 14) 2754 15) 2655 16) 1260 17) 2888 18) 3456
19) 4158 20) 1544 21) 6896 22) 1002 23) 452 24) 4090
25) 4806 26) 1448 27) 2093 28) 582 29) 1746 30) 274
31) 738 32) 1611 33) 2324 34) 1880 35) 878 36) 1659
37) 3984 38) 3070 39) 2135 40) 2439

55쪽
1) 1191 2) 1611 3) 2051 4) 1820 5) 712 6) 1254
7) 2825 8) 3912 9) 5664 10) 1134 11) 1539 12) 2520
13) 2585 14) 1736 15) 2817 16) 7299 17) 3156 18) 1410
19) 3600 20) 1185 21) 1752 22) 2238 23) 1752 24) 1228
25) 3519 26) 6648 27) 1716 28) 820 29) 2506 30) 3816
31) 734 32) 1365 33) 2502 34) 760 35) 2364 36) 1464
37) 2192 38) 366 39) 1590 40) 3408

56쪽
1) 984 2) 1080 3) 1099 4) 780 5) 1860 6) 1094
7) 3684 8) 1908 9) 1956 10) 1239 11) 2637 12) 2433
13) 2755 14) 2816 15) 2514 16) 1281 17) 1254 18) 2455
19) 784 20) 530 21) 3095 22) 2088 23) 1725 24) 782
25) 2496 26) 3015 27) 1826 28) 1488 29) 2661 30) 1120
31) 1791 32) 2184 33) 960 34) 1746 35) 1492 36) 1680
37) 2244 38) 1440 39) 2624 40) 1292

57쪽
1) 2088 2) 1832 3) 4872 4) 1226 5) 1736 6) 3429
7) 292 8) 1365 9) 531 10) 4266 11) 3656 12) 2376
13) 2055 14) 1160 15) 1568 16) 1430 17) 3272 18) 1488
19) 2950 20) 1263 21) 1915 22) 1758 23) 1548 24) 3381
25) 1992 26) 1701 27) 3090 28) 5383 29) 2236 30) 732
31) 540 32) 1851 33) 5832 34) 1576 35) 4977 36) 1590
37) 1275 38) 910 39) 4494 40) 2100

58쪽
1) 1276 2) 4904 3) 2784 4) 1854 5) 805 6) 1046
7) 2475 8) 1110 9) 1645 10) 2536 11) 2430 12) 3510
13) 1722 14) 1374 15) 743 16) 4376 17) 3060 18) 1908
19) 2324 20) 2088 21) 3829 22) 1915 23) 774 24) 2385
25) 1304 26) 1692 27) 3252 28) 2672 29) 1572 30) 2220
31) 1897 32) 1490 33) 2705 34) 3888 35) 3320 36) 3346
37) 1098 38) 1791 39) 4712 40) 1434

59쪽
1) 2290 2) 3004 3) 3318 4) 2079 5) 5016 6) 2384
7) 990 8) 4160 9) 4374 10) 5817 11) 1192 12) 3294
13) 2556 14) 1620 15) 3003 16) 1128 17) 1740 18) 1274
19) 2760 20) 6032 21) 1665 22) 1526 23) 913 24) 2331
25) 2488 26) 3728 27) 2280 28) 1710 29) 2310 30) 1692
31) 1611 32) 1925 33) 2214 34) 1632 35) 417 36) 3250
37) 2336 38) 3834 39) 2168 40) 1353

60쪽
1) 1881 2) 1584 3) 2660 4) 2725 5) 2496 6) 246
7) 4635 8) 2080 9) 5016 10) 1245 11) 1802 12) 2800
13) 3952 14) 4302 15) 963 16) 999 17) 1492 18) 1330
19) 4032 20) 1500 21) 1585 22) 2148 23) 3668 24) 2817
25) 3688 26) 1622 27) 3682 28) 2320 29) 2220 30) 1624
31) 1332 32) 1044 33) 1098 34) 1640 35) 2821 36) 3015
37) 2451 38) 1156 39) 5496 40) 4184

61쪽
1) 1636 2) 2508 3) 2896 4) 2196 5) 2205 6) 4137
7) 2196 8) 3156 9) 2588 10) 2618 11) 1845 12) 2090
13) 2370 14) 1589 15) 1588 16) 2808 17) 576 18) 2151
19) 4638 20) 5580 21) 2454 22) 3684 23) 3376 24) 4130
25) 3366 26) 6405 27) 2160 28) 1040 29) 6504 30) 3438
31) 3888 32) 2632 33) 3186 34) 2982 35) 4400 36) 1068
37) 4984 38) 1782 39) 8199 40) 4746

곱셈 해답지

62쪽

①2500 ②7497 ③2370 ④1491 ⑤2685 ⑥3555
⑦1856 ⑧4466 ⑨2139 ⑩2560 ⑪5592 ⑫2325
⑬3896 ⑭1062 ⑮3065 ⑯3592 ⑰2212 ⑱1302
⑲4256 ⑳4420 ㉑2860 ㉒3861 ㉓1662 ㉔3616
㉕2583 ㉖3689 ㉗5080 ㉘1592 ㉙4866 ㉚2872
㉛5376 ㉜834 ㉝2764 ㉞3726 ㉟4131 ㊱1908
㊲5888 ㊳2889 ㊴1490 ㊵5838

63쪽

①2190 ②810 ③1309 ④2538 ⑤2856 ⑥578
⑦2976 ⑧2619 ⑨1317 ⑩1320 ⑪1770 ⑫1708
⑬2464 ⑭2060 ⑮2025 ⑯543 ⑰1082 ⑱2478
⑲4584 ⑳3320

64쪽

①2212 ②6528 ③2912 ④1692 ⑤1332 ⑥658
⑦4610 ⑧1869 ⑨3325 ⑩2805 ⑪1029 ⑫2637
⑬1460 ⑭1040 ⑮1358 ⑯1034 ⑰2106 ⑱3560
⑲4333 ⑳2868

65쪽

①1470 ②1548 ③3231 ④1646 ⑤1544 ⑥4410
⑦4296 ⑧1998 ⑨1645 ⑩2253 ⑪5211 ⑫1044
⑬2420 ⑭4501 ⑮5016 ⑯1556 ⑰5992 ⑱8478
⑲2472 ⑳532

66쪽

①2982 ②868 ③1246 ④5058 ⑤1280 ⑥663
⑦2730 ⑧4375 ⑨4620 ⑩3432 ⑪3348 ⑫732
⑬1434 ⑭2043 ⑮2919 ⑯1705 ⑰4635 ⑱1784
⑲2874 ⑳2064

암산이 마술처럼 술술~
계산력, 집중력, 두뇌개발
매직셈으로 키워주세요.